T0126798

ARCHIVES DES LETTRES MODERNES

sous la direction de Patrick Marot, Philippe Antoine,
Julien Roumette, Jean-Yves Laurichesse,
Llewellyn Brown et Pascale Auraix-Jonchière

268

Le travail de l'« obscure clarté »
dans
Le Fantôme de l'Opéra
de Gaston Leroux

Cet ouvrage a été publié pour la première fois en 1997
dans la collection *Archives des lettres modernes*
dirigée par Michel Minard.

ISABELLE RACHEL CASTA

Le travail de l'« obscure clarté » dans
Le Fantôme de l'Opéra
de Gaston Leroux

PARIS
LETTRES MODERNES MINARD

Isabelle Rachel Casta est professeur émérite à l'université d'Artois. Spécialiste des littératures noire, fantastique et criminelle, elle dirige les « Séries policières » dans RLM-Minard, et a publié une « Trilogie des Ombres » aux EUE (Sarrebruck, 2016-2017).

Réimpression de l'édition de Paris, 1997.

ISBN 978-2-406-14701-5
ISSN 0003-9675

par le fer, le feu, l'eau stagnante, la poudre, les rats et le cercueil dans lequel il repose. Mais il cèle en lui, sur son inscrutable face et dans ses chairs malades, une nuit plus profonde encore, une ténèbre portative qui s'offense du Ciel et maudit la lumière. Ni Chéri-Bibi, ni le compulsif Frédéric Larsan, ni même le Roi mystère ne génèrent pareille énigme, pareille « écriture du désastre », pareil coudoiement avec ce qu'il est convenu d'appeler « les forces obscures » : ce n'est certes pas un hasard si l'histoire d'Erik a inspiré tant de cinéastes — pas moins de cinq, de 1925 à 1989 et de Rupert Julian à Dwight Little — de chorégraphes (Roland Petit en 1980), de compositeurs et de metteurs en scène : le drame musical *The Phantom of the Opera*, de Lloyd Weber et Charles Hart, fait les beaux soirs de Londres et de New York depuis 1986, tandis qu'en 1992 Ken Kill a présenté, à l'Opéra-Comique, une relecture du *Fantôme* à travers les pages des plus célèbres opéras du XIXe siècle... Il est vrai qu'au cinéma, au théâtre, nous sommes assis dans le noir, et que ce n'est qu'au prix de cette nuit artificielle qu'il vient à nous, que nous le rejoignons dans « *le clignotement éminemment dramatique de l'action* »[1].

Maître des cérémonies, mais triste convive, initiateur passionné, mais amant éconduit, Erik n'a de cesse de se refuser au mythe « frénétique » tout prêt à l'accueillir, à le contenir, et l'emphase boursouflée de son ami/ennemi le Persan ne rencontre en lui que causticité et circonspection : lorsque ce dernier l'invective (« *Assassin du comte Philippe, qu'as-tu fait de son frère et de Christine Daaé ?* » (476)), il désamorce aussitôt la tentation du dialogue paroxystique : « *Cela ne me regarde plus.* » (477). À ces moments de retombée, de neutralisation, on comprend que son « gouffre intérieur » — pour parler comme Gabriel, la Poupée sanglante — est imperceptiblement rayé de dérision, traversé de spasmes blagueurs, beaucoup plus proches de la gouaille lupinienne que de la rhétorique du *Moine* de Lewis ; d'une jeune danseuse, il dit sans ménagement qu'elle « *danse comme un veau dans la prairie* » (70), et de la Sorelli, maîtresse de Philippe de Chagny, qu'elle « *a surtout du succès dans la carrosserie* ». Lorsque le

Persan (perçant ?) veut l'entraîner dans son réseau de périphrases nobles, Erik le ramène à la vraie dimension des choses, leur prosaïsme : «*Figure-toi que j'avais dans la main un anneau, un anneau d'or que je lui avais donné... qu'elle avait perdu... et que j'ai retrouvé... une alliance, quoi !...*» (481). Si *l'anneau d'or* appartient aux amours de rêve, *l'alliance*, elle, rappelle des unions juridiquement plus quotidiennes et moins fabuleuses.

Fruit d'une longue tradition narrative où revenants et vampires déclinent tout le paradigme des configurations fantastiques, Erik ne cesse de plaider contre sa propre appartenance générique... Au *suspension of disbelief* prôné par Coleridge, le fantôme répond par une revendication de normalité d'autant plus burlesque qu'elle revêt, contextuellement, la tonalité sinistre de la séquestration et du viol : «*Je veux avoir* [...] *une femme comme tout le monde !... Une femme que j'aimerais, que je promènerais, le dimanche, et que je ferais rire toute la semaine.*» (427).

C'est peut-être là que naît le fantastique proprement moderne de Leroux : pas dans l'hésitation interprétative (tout est joué, et perdu, dès l'avant-propos), mais dans l'absence de fin, de crise décisive, d'achèvement ; l'histoire est littéralement interminable, comme ces thérapies freudiennes qui se dévoient dans la durée. Trente ans «après», tout est là, décoloré, sénile («*des vieillards fort respectables*» (10)), poussiéreux («*les archives de l'Académie*» (9)) et même, oui, même retraité !... puisque tel est le sort, bien mélancoliquement commun, de la splendide Sorelli «*retraitée à Louveciennes*» (491).

Autour des quelques morceaux de bravoure du roman (le bal masqué, l'enlèvement de Christine, la «nocturne» glaçante de Perros-Guirec ou le voyage initiatique de Raoul), la tranquille durée garde ses droits, sertissant d'une gelée précieuse les instants d'exception, les digérant finalement, comme la terre engloutit les morts et le temps, les mots.

C'est ainsi qu'à l'horizon se dessine un lecteur frustré, qui voudrait «marcher», qui voudrait se laisser posséder par l'illusion référentielle, en fidèle paralittéraire... Mais à chaque bienheureuse syncope de la vigilance critique, Leroux nous attrape et nous secoue : « Foutaises ! », nous crie-t-il à peu près, comme Marie-France Pisier dans un film d'André Téchiné ; oui, son Erik (avec un *k*, mais natif de Rouen) aime le toc, le kitsch funèbre des forêts au fond des caves et des baldaquins rouges au trente-sixième dessous, mais ce n'est qu'un exercice d'humilité, d'apprivoisement au dégoût de soi.

S'il est le des Esseintes de la Grange Batelière, c'est pour se donner à lui-même la représentation privée et grandiloquente des folies « fin-de-siècle » qui font jubiler ce « démon de la perversité », et que l'on retrouve avec infiniment moins de distance effractive chez le Sâr Péladan ou chez Remy de Gourmont. Ne pourrait-on pas, d'ailleurs, à l'instar de Blaise Cendrars dans son roman *Moravagine*, reprendre en épigraphe au *Fantôme* une phrase de son roman *Sixtine* : « un cerveau isolé du monde peut se créer un monde » ?

Le constant mélange du *sermo humilis* et du *sermo nobilis*, le frôlement d'Éros quand on attend Agapê, la galerie des grotesques qui grouillent autour de Christine Daaé contribuent à nous irriter, à nous déstabiliser : impossible de s'enfoncer dans l'identification comme dans une eau profonde ! Tout grince, grimace, ricane, détone : la nuit d'Erik se voudrait toute peuplée de monstres mythologiques, convoqués d'ailleurs *allegro vivace* par le « *ténébreux séjour* » (296) et servis en veux-tu en voilà par la rutilante fanfare leroussienne.

Mais on y croise surtout des machinistes, des sapeurs, des messieurs en goguette et des divas escamotées ; de l'autre côté du décor, il y a les agents de production, il y a le XXᵉ siècle. Lorsque Raoul de Chagny émerge de son périple (lui qui devait aller « *dans les glaces du pôle* » (453) n'ira jamais que derrière le miroir d'une loge), c'est pour renaître à l'artifice désormais coutumier de la vitesse, de l'éloignement et du désenchantement général — puisque Christine ne « chantera » plus.

Ainsi, les seules vraies ténèbres sont celles de la réverbération sexuelle qui attache/arrache Christine à Erik. Né irrépressiblement dans le cœur glacé du fantôme, comme les roses rouges sur la tombe du père Daaé au chapitre VI, le désir lui fait franchir les miroirs, saboter les lustres, noyer les importuns et tomber le masque.

Mais le grand truqueur ne peut s'empêcher d'aller nicher son bonheur dans le rayon des farces et attrapes : « *Faut-il tourner le scorpion ? Faut-il tourner la sauterelle ?* » (453). (Con)vaincue, Christine s'unit à lui dans un échange paroxystique, la plus belle page peut-être de l'œuvre leroussienne : « *Et elle n'est pas morte ! Elle est restée vivante, à pleurer... sur moi... avec moi... Nous avons pleuré ensemble !...* » (480).

L'image qui referme le livre des amours prend alors valeur d'éternité, en pérennisant l'impossible transaction : « *L'Ange de la Musique avait tenu entre ses bras tremblants Christine Daaé évanouie.* » (498). Les gestes de l'étreinte sont inaboutis, suspendus dans le « tremblement » d'Erik et « l'évanouissement » de Christine. Mais ce tremblé du discours même dit l'intensité des possibles d'Éros aux prises avec la force médusante des interdits. Au-delà de la vignette criarde et anecdotique, s'ébauche le motif baroque de l'union des contraires, un instant enlacés, prêts à être écartelés ou dissous par les affres de la fiction, mais effectuant néanmoins leur danse nuptiale, leur volute.

Pour avoir pressenti la terrible part de nuit que l'inconscient freudien expertisera tout au long du XXᵉ siècle, Leroux a pu créer, en même temps qu'Erik l'homme sans nez, Rouletabille l'homme sans nom et Gabriel, l'automate amoureux d'une autre Christine. Mais l'Enchanteur pourrissant — qui, mieux qu'Erik, mériterait ce titre ? — est le seul à avoir, « héros éblouissant et sombre », contaminé un univers tout entier, du lac d'Enfer à la lyre d'Apollon !

Tout, absolument tout dans le jeune Opéra, obéit à Erik : les directeurs, les ouvreuses, les trappes, les glaces, les loges, le décor, les sons, l'espace ; il a fait de ce monument l'immense exosquelette qui prolonge sur près de vingt-cinq étages ses désirs et sa volonté de puissance... Pourtant, tétanisé au cœur de son corps-toile vibrant, il ne parviendra pas à casser le dernier « joujou-surprise » qu'en démiurge sadien il s'était attribué : il en meurt, et tout se passe comme lorsque « *la nuit vivante se dissipe à la clarté de la mort* »[2]. C'est par la presse, nouvelle puissance du nouveau siècle, que Christine apprendra, platement, qu'elle n'est plus aimée.

Il est vrai qu'en 1910, lorsque le roman paraît aux éditions Pierre Lafitte, c'est une tout autre « surperproduction » (le mot est de Jean Roudaut) qui, dans l'ombre, se met en place... « *Ils m'ont appelé l'obscur / Et j'habitais l'éclat* »[3]. De rire ?

INTRODUCTION

MATURATION ET ENJEUX
D'UNE ŒUVRE PARALITTÉRAIRE

1. UN GENRE TROUBLANT.

Bien des chemins, sentes ébauchées dans la forêt du Sens, arrivent à destination dans le récit de Leroux : roman noir, roman fantastique, roman d'aventures, roman policier... Ces catégories peuvent se recouvrir ou s'exclure, s'additionner, s'adultérer ; le « mixte » que Leroux nous donne à lire témoigne d'une complétude menacée, chatoyante et fugace. Journaliste déclassé, Leroux émerge du chaos, du flux d'énergie qui circule en tous sens dans la nouveauté périlleuse du XXᵉ siècle ; on peut ne retenir de lui que quelques formules, un titre, peut-être même simplement une couleur, comme il le suggère lui-même dans un accès de lucidité coquette : « *Ici, Rouletabille regarda en dessous la générale et conçut une grande mortification de ce que celle-ci exprimât à ne s'y point tromper, sur sa bonne et franche physionomie, l'ignorance absolue où elle était de ce mystère jaune et de ce parfum noir.* »[4].

La fascination, sinon coupable, du moins frivole, que le roman policier exerce sur le lecteur apparaît comme une sorte de résidu, une manifestation atténuée et moralisée de la pulsion de mort sur laquelle travaille l'industrie du fait divers, riche en contes de sang, en femmes coupées en morceaux, et en ogres mangeurs d'enfants. Cet attrait pour l'infamie de l'Autre est-il récent, ou s'enracine-t-il au plus profond des âges, nous faisant signe au travers de masques successifs? Sade, Restif de la Bretonne, Choderlos de Laclos font l'apologie du vice et du crime, peut-être pour mieux préparer le triomphe du puritanisme bourgeois révolutionnaire. Mais l'extrême contrainte engendre elle aussi ses monstres et ses pervers, qui assument, dans le réel ou l'imaginaire, ce que Bataille désigne comme la « part maudite » de toute société ; le roman gothique anglais célèbre les prêtres lubriques et fous, les savants mégalomanes qui rêvent d'égaler le Créateur : de Lewis (*Le Moine*) à Mary Shelley, du *Château d'Otrante* (Horace Walpole) aux *Mystères d'Udolphe* (Ann Radcliffe), l'Angleterre des années 1800 plonge dans les tourments d'âmes torturées, élite du mal.

Du roman populaire, Leroux garde le don du saut, salvateur, irrépressible, la *libido sciendi* qui brûle les étapes et se joue des contingences ; de même, le roman policier conserve quelques-unes des recettes les mieux éprouvées du récit fantastique. Mais, contrairement à John D. Carr, qui dans *La Chambre ardente* laisse ouverte l'hypothèse surnaturelle, Leroux ne se plaît à faire surgir spectres et vampires que pour mieux les démasquer, les bafouer : l'éclatant midi du dénouement élimine radicalement les champs d'ombre qu'il a bien fallu traverser, dans le doute et la folie. Freud est assez proche, dans l'espace et le temps, pour que Leroux assigne à la seule machine humaine tout le fantasmagorique hérité des *gothic novels*.

2. UNE ŒUVRE SINGULIÈRE.

Publié en février 1910, *Le Fantôme de l'Opéra* est l'une des rares œuvres de l'auteur à paraître d'un seul jet aux éditions Pierre Lafitte. Dédié au frère bien-aimé, Joseph, le roman connaît un succès immense. En rupture avec les deux grands cycles de Rouletabille et de Chéri-Bibi, ce roman n'obéit pas à la discontinuité scripturelle qui affecte les autres textes ; il transcende les cloisonnements coutumiers des genres. Digne de Barbey d'Aurevilly et de Villiers de L'Isle-Adam, *Le Fantôme de l'Opéra* fait advenir la musique en littérature, et sa puissance d'incantation orphique rejoint le parfum de Mathilde dans les mythologies romanesques du XXe siècle, fidèle en cela à l'alchimie baudelairienne de « *Correspondances* » : *Les parfums, les couleurs, et les sons se répondent.*

Pour juger ce roman, il est permis de reprendre les propos tenus par l'historienne Mona Ozouf sur la littérature policière en général : « *On y attend de pied ferme Michel Henry, Alain Finkielkraut, Allan Bloom, tous nos hardis arpenteurs de la ligne qui sépare le majeur du mineur, le noble de l'ignoble, la grande littérature de la petite.* »[5].

En effet, *Le Fantôme de l'Opéra* est un roman de la mutilation, de l'amour déchiré, de l'échec, du doute : si la mutilation de Rouletabille est symbolique, celle d'Erik est littérale, charnelle, sexuelle même, donc monstrueuse. Le thème du monstre devient alors un des gisements de prédilection pour Leroux : l'infiniment beau, l'infiniment laid, ou petit, ou méchant, ou pervers, devient une constante de son œuvre et culmine dans un roman-feuilleton écrit en 1923, lui aussi composé d'un diptyque, symétriquement opposé au premier « double » de Leroux, *La Poupée sanglante* et sa suite, *La Machine à assassiner.*

Ainsi, d'un bout à l'autre d'une vie d'écrivain, deux fois deux œuvres se font face, s'éclairant mutuellement, à la fois plus denses et plus lumineuses de leur confrontation. Fléau de la balance, *Le Fantôme de l'Opéra* approfondit l'ambivalence du statut de criminel/victime, qui forme la clef de voûte du premier diptyque, et prépare en même temps l'assomption de la féminité rayonnante et droite comme en témoigne le prénom deux fois choisi de Christine. Christine s'oppose à Mathilde Stangerson, l'héroïne du *Mystère de la chambre jaune* et du *Parfum de la dame en noir*, comme Marie s'oppose à Ève. L'une, Mathilde, attire innocemment les hommes de sa vie dans un enfer sans mesure, où sombrent pêle-mêle père, époux, amant, fils, fiancé... L'autre, Christine au nom de Christ-femme, donne l'épreuve mais la subit aussi, et accorde aux malheureux le pardon des offenses et le *consolamentum*.

Le décor du roman est une chimère, une merveilleuse machinerie entièrement destinée à passer d'un monde à un autre, d'un état de la fiction à une autre scène, d'un temps historiquement contemporain à une u-chronie où s'affrontent, sans souci de modernité, les maudits et les anges : « [...] *la réversibilité prendra des proportions plus vastes : un ciel souterrain (le bas où réside le persécuteur/persécuté, que Gaston Leroux compare pour la noirceur de ses desseins aux communards) répond au ciel qui domine l'Opéra.* »[6].

Entre corps et décors s'opèrent des passages, des translations électives qui renforcent la complexité des systèmes d'attirance et de répulsion, de clôture et de béance : en fait, toute monstruosité explicite en dénonce une autre, plus subtile, plus intériorisée ; que faire du sexuel dans un monde aussi ostensiblement voué au symbolique ? Le sexuel s'efface au profit d'Éros, commerce plus subtil des pulsions de vie et de mort. La thématique hugolienne est proche, qui voit dans le corps cauchemardesque de Quasimodo ou de l'Homme-qui-rit une âme d'élite profondément enfouie. L'interaction proprement érotique des personnages en présence est liée par ailleurs aux présupposés du récit qui tissent entre les protagonistes des liens de terreur, de dépendance et de transgression sado-masochistes.

L'érotique est liée au flux, au magnétisme qui imprègne les corps : *l'aimantation*, dont Gracq fera le moteur principal de son œuvre romanesque, préside aux destinées d'un monde maniaquement décrit, qui bascule dans l'hyper-réalisme angoissant des contes. Désorbité, désœuvré, ce monde reste bien, pelliculairement, le monde du savoir et du pouvoir, mais ces repères sont plus esquivés qu'esquissés. L'univers familier, donc désérotisé, désaimanté, se transmue bientôt en codification lointaine, traversée d'éclairs, de réminiscences, de prémonitions : les lieux sont hantés d'ineffables présences de femmes, outils de perdition portraiturés par Klimt ou Muscha, comme objets premiers de l'érotisme voyeur du lecteur en même temps que du héros.

Chaque fois que les corps, saisis dans la gangue mortelle des regards, se taisent et se figent, le lieu qui leur est assigné émet alors tous les signes narratifs qui leur font défaut : le monde est mimésis, il est ducteur et traducteur de l'homme à la chair faillible. La précipitation du corps dans le décor, par enfouissement, incinération, hémorragie ou démembrement est l'une des constantes «catamorphes» de Leroux : plus qu'un procédé d'écriture, c'est-à-dire une rhétorique, plus qu'un refoulement qui déborde de ses assignations, c'est-à-dire une érotique, cette image fusionnelle éveille en nous la vision de la symbiose originelle qui fut, et l'aspiration au néant consolateur qui sera. À la fois pressentiment et commémoration, le jeu des corps et des décors nous amènera, au terme de notre étude, à comprendre la modernité de Leroux, dans le happement conjugué du frivole et du deuil. Charnelle, visionnaire, l'écriture de Leroux fait chemin avec nous, dans l'exultation comme dans l'obéissance, dans la terreur comme dans la pitié.

3. UNE TRIPLE APPROCHE.

Trois codifications, successives dans l'ordre du discours, mais imbriquées dans celui de la fiction, vont nous permettre de suivre le parcours initiatique du fantôme, et de nous enfoncer avec lui dans les méandres d'un lieu, d'un être et d'un style.

Les procédures stylistiques que l'on peut désigner sous le vocable général de *rhétorique* servent à débarrasser Leroux d'un souci constant : l'hiatus avec le public. Aussi, puisant dans un fonds esthétique commun aux groupes sociaux susceptibles de le lire, l'auteur organise ses descriptions de manière à « typer » suffisamment ses personnages et ses décors, sans franchement désarçonner le public, lequel est depuis longtemps immergé dans ce qu'on peut appeler un monde littéraire du cliché et du stéréotype.

L'installation des corps sur cet échiquier qu'est bien souvent la scène de l'Opéra nous a permis de dégager un certain nombre de caractéristiques stylistiques : nous pouvons maintenant interroger les évolutions, attractions et répulsions qui s'exercent entre les différents protagonistes, les actions et réactions qui entrent en conflagration romanesque autour de l'interdit majeur, le corps féminin, objet de tous les dévoiements amoureux, donc potentiellement criminels, et par là même générateur de l'érotique spécifique à notre œuvre : la fusion éternellement différée.

Chercher à dégager, dans le jeu des corps, la voie d'une heuristique, appartient de plein droit aux hypothèses de lecture, puisque notre fiction tend vers la résolution d'un problème, vers l'éclaircissement d'une obscurité ; mais il convient peut-être d'aller au-delà de la « simple » intrigue (elle-même déjà souvent remarquablement complexe), et de s'interroger sur... l'interrogation même. La rhétorique, nous l'avons vu, est liée aux domaines esthétique et idéologique : elle met en branle un certain nombre de schémas aisément repérables, pour mieux en jouer, à la fois distante et solidaire, omnisciente et lacunaire. Cette rhétorique des corps en prépare donc l'interaction : l'érotique souvent funèbre. Mais le pourquoi de cette cérémonie secrète, de ce huis-clos, s'exprime et s'épanouit dans un troisième moment qui réunit et englobe les deux premiers. Ce serait, dans la problématique hégélienne, le temps du dépassement, l'*Aufhebung* qui s'enrichit des paliers précédents, en les dévoilant à eux-mêmes, en les *révélant*, au sens photographique du terme, transcendant ainsi les zones les plus profondément obscures en même temps que les clairières, les moments d'Alètheia où le monde, ici ramené aux dimensions de l'Opéra, en transparente relation à lui-même, s'ouvre à Christine et Raoul dans l'éblouissement des commencements.

I

UNE RHÉTORIQUE

> *Pourquoi deux paroles pour dire une*
> *même chose ? C'est que celui qui la dit,*
> *c'est toujours l'autre.*
>
> Maurice BLANCHOT

1. LES MÉTAPHORES DU FÉMININ.

Le visage féminin est certainement l'objet de description le plus surchargé de fleurs de rhétorique, car il est vital de ne pas décevoir le désir du lecteur : mais sous le fard épais des clichés et des conventions, on devine le trait mordant, incisif, qui rend cette féminité plus vulnérable et plus troublante, par les germes du désordre amoureux.

La jeune cantatrice Christine Daaé appartient au type de blondeur fatale popularisé par deux siècles de mélodrame : « *Sa figure est fraîche et rose comme une fraise venue à l'ombre.* [...] *Ses yeux, clairs miroirs d'azur pâle, de la couleur des lacs qui rêvent, immobiles, tout là-haut vers le nord du monde, ses yeux lui apportent tranquillement le reflet de son âme candide.* » (106).

Déjà s'organisent les comparaisons convenues : la fraise, l'azur pâle... Le corps à peine entrevu permet à peine d'érotiser cette gravure ; ses mimiques se succèdent à une vitesse parfois caricaturale, encore soulignées par les comparants stéréotypiques.

Mais c'est surtout dans le chant qu'elle se transcende et s'offre au désir des spectateurs : « *Et Christine, les bras tendus, la gorge embrasée, enveloppée dans la gloire de sa chevelure dénouée sur ses épaules nues, jetait la clameur divine : [...].* » (280).

La chevelure dénouée est à cet égard révélatrice d'un moment de haute énergie amoureuse. Par ailleurs, autour de Christine Daaé palpite un monde féminin propre à captiver l'imagination du lecteur, qui dans le mot *opéra* voit surtout *ballet*, c'est-à-dire *danseuses,* et qui n'a pas tort. Une ballerine très secondaire, la Sorelli, s'offre un instant aux phantasmes masculins : « *Quand elle danse, elle a un certain mouvement de hanches indescriptible qui donne à tout son corps un frissonnement d'ineffable langueur.* » (25).

Plusieurs champs lexicaux sont convoqués ici, sous l'alibi facile du « chroniqueur célèbre » : le trope de la pierre et du métal précieux (l'or, l'émeraude), celui du végétal (branche de saule), mais aussi le vocabulaire de l'émoi charnel : *voluptueux, mollement, hanches, langueur.* Ainsi nul n'est surpris d'apprendre que le comte de Chagny en a fait sa maîtresse. Cependant elle reste une pure esquisse et l'article qui la désigne (nous ignorons son prénom), la réifie encore, la fige dans son geste d'invite érotique, conventionnel et transparent, comme un Degas ou un Manet.

Ainsi, le corps féminin est souvent associé à la danse, presque toujours liée à l'érotisme, au pouvoir de séduction et d'envoûtement purement charnel, donc négatif.

L'autre important personnage féminin, c'est la Carlotta, chanteuse ennemie de Christine Daaé ; sa description se focalise sur sa voix, plutôt que sur sa silhouette ou son regard : « *Car cette bouche créée pour l'harmonie, cet instrument agile qui n'avait jamais failli, organe magnifique, générateur des plus belles sonorités, [...] sublime mécanique humaine à laquelle il ne manquait, pour être divine, que le feu du ciel, [...].* » (151).

La bouche de Carlotta va émettre d'ailleurs un son discordant, mais sa description retient surtout l'attention par le procédé quasi cinématographique du zoom, du gros plan hallucinatoire, presque obscène, sur la bouche grande ouverte de l'Espagnole : « *La voici dans la gorge de la Carlotta, au fond de la gorge dorée, de la gorge de cristal de la Carlotta, ma parole !* » (429).

Nous ne pouvons que songer à cette autre illustre et caricaturale diva, bien postérieure à la Carlotta, mais qui lui ressemble singulièrement : la Castafiore, qui comme Carlotta chante inlassablement l'air des bijoux dans *Faust*. Que Hergé ait ou non songé à la Carlotta n'a pas réellement d'importance, puisqu'elle a la fonction de mimer, dans le grotesque et l'outrance, les tics d'une cantatrice pour le sens commun.

Ainsi, les seconds rôles féminins assument globalement les mêmes fonctions : échappées grisantes et glaçantes sur les abîmes de la féminité dévoyée, contrepoint pictural, diversification des mystères et dissémination du désir.

Il reste cependant un aspect de la description où le talent burlesque de Leroux éclate avec le plus de force : les grotesques. Ces grotesques occupent dans le camp féminin une assez large place : les vieilles femmes, les femmes stupides, contrefaites, malveillantes... servent de repoussoir à la beauté sereine de l'héroïne. Rencontrons Mme Giry, l'ouvreuse recrutée par le Fantôme de l'Opéra pour l'aider dans ses machinations ; laide et obtuse, elle résiste cependant désespérément à la colère des deux nouveaux directeurs, Richard et Moncharmin. Son aspect l'assimile facilement aux sorcières des contes, par la couleur et le registre métaphorique choisi, qu'il s'agisse de son physique proprement dit, ou de ses vêtements et de sa silhouette générale : «*Les deux plumes noires du chapeau* [...] *se muèrent aussitôt en points d'exclamation* [...]. » (310).

La visualisation des états d'âme par les plumes du chapeau s'accompagne de précisions dentaires évidemment peu flatteuses : «*Elle se redresse, hirsute, les trois dents dehors.* » (317). Ce qui lui attire de la part de M. Richard ce jugement lapidaire quoique paradoxal : « — *Ça n'est pas sorcier,* [...] *vieille sorcière !* ».

La femme, objet de désirs et de sévices, se donne pour ce qu'elle est : belle ou laide, jeune ou usée, naïve ou rouée ; elle n'a pas à se déguiser puisqu'elle est, globalement, dans la transparence de la loi.

2. LES MÉTAMORPHOSES DU MASCULIN.

Il en va tout autrement des personnages masculins, chez qui se croisent gardiens et violateurs du droit, sans qu'il soit possible de discerner aisément où est qui ! Plus passionnantes que les figures féminines car infiniment plus énigmatiques, ambiguës, voire indéchiffrables, les descriptions masculines surabondent dans notre récit, au point d'en devenir parfois l'unique sujet.

L'iconographie masculine positive contient bien sûr ses « jeunes premiers », dont Raoul de Chagny est le plus pur exemple ; cet amoureux fidèle de Christine Daaé lui ressemble d'ailleurs, par mimétisme, tant il est vrai qu'un héros masculin doit renoncer à une bonne part de sa virilité pour rassurer tout à fait le lecteur, et surtout la lectrice, quant à la pureté de ses intentions : « *En voyant cet enfant joli, qui paraissait si fragile* [...]. » (40), « *Il avait une petite moustache blonde, de beaux yeux bleus et un teint de fille.* » (41).

La moustache vient contrebalancer ce que *teint de fille* pourrait suggérer d'équivoque. Mais pour les canons de la beauté masculine, ressembler à une fille est plutôt perçu comme un avantage.

L'indéniable vénusté de Raoul ne résistera cependant pas longtemps au sombre éclat de l'apparition d'Erik : « *Il est d'une prodigieuse maigreur et son habit noir flotte sur une charpente squelettique. Ses yeux sont si profonds qu'on ne distingue pas bien les prunelles immobiles. On ne voit, en somme, que deux grands trous noirs comme au crâne des morts.* » (20).

Leroux lui-même semble interdit devant son monstre, comme le baron de Frankenstein devant le sien : la mise en scène du texte réclame cette ponctuation, ce moment de suspens où le bien et le mal fusionnent dans l'universelle loi de la création : « *Pourquoi Dieu a-t-il fait un homme aussi laid que celui-là ?* » (498).

À plusieurs moments, nous sommes invités, nous lecteurs, à

faire l'expérience du caractère non métaphorique d'un corps : nous nous croyons encore devant une clause de style, une hyperbole, un camouflage. Nous sommes détrompés : le masque de la comparaison ne s'arrache plus, parce qu'il n'y a plus ni comparant ni comparé ; le corps d'Erik, dans sa spécificité anonyme, existe et s'impose comme l'Unique, ce qui ne peut s'imag(in)er, le corps fondateur dans sa crudité et sa littéralité : « *Tu crois peut-être que j'ai encore un masque, hein ? Et que çà... ! ma tête, c'est un masque ? Eh bien, mais ! se prit-il à hurler. Arrache-le comme l'autre.* » (255).

Parvenus à ce paroxysme, les héros se consentent une trêve... pour que la fiction et tous ses masques puissent circuler de nouveau, pour que le lecteur sorte de cette apnée narrative où l'a plongé la confrontation avec le néant. Il y était d'ailleurs préparé par l'*incipit*, qui, en se contentant apparemment d'énoncer des tautologies, dévoilait l'identité contradictoire et déchirée du personnage : « *Le fantôme de l'Opéra a existé.* [...] *Oui, il a existé, en chair et en os, bien qu'il se donnât toutes les apparences d'un vrai fantôme, c'est-à-dire d'une ombre.* » (9).

Leroux joue ici sur la polysémie du verbe *exister* ; si un fantôme existe en tant que tel, nous basculons dans le registre du fantastique. Mais un fantôme n'a plus de corps : il est le spectre immatériel du corps de jadis, le cadavre qui le renvoie dans le monde des vivants comme un remords, un mauvais rêve. Donc, le fantôme par essence, est décorporéisé. D'où vient alors cette précision, qui ruine l'assertion première : « *Oui, il a existé, en chair et en os* [...]. » (9) ? Nous sommes en plein paradoxe logique, puisque la chair et l'os appartiennent au monde corporel, monde de la densité, du poids, de la finitude. Ainsi, le « *vrai* » fantôme n'existe pas, lui qui n'aurait plus à composer avec la matière et les lois naturelles. Cette « *ombre* » dont parle Leroux serait le moi idéal du fantôme, son moi contingent restant bien prisonnier de l'affirmation : « *Le fantôme* [...] *a existé.* ». L'affirmation de l'existence est une menace radicale sur l'être-fantôme, puisqu'il est renvoyé à cette vie, ce poids charnel qui le rive à la terre, sans plus rien de l'ectoplasme diaphane et diaboliquement libre que suggérait le champ sémantique du mot *fantôme*. Exister revient donc à dire que la mort reste à venir et que le corps d'Erik, vrai corps d'un personnage fictif, se défera dans la terre au même rythme et selon les mêmes normes que n'importe lequel de ses frères humains. Le fantôme a existé, donc il n'a pas transcendé le mystère de la mort, et le scandale lié à ses apparitions n'a rien de métaphysique ; ce à quoi nous invite Leroux, c'est à lire le roman d'un tricheur : « *Ce fantôme en habit noir.* » (19), « *Cet être extra-naturel* », « *Le mystérieux personnage* » (20), « *ce convive décharné* » (57), « *Ce cadavre* » (58), « *Cet hôte d'outre-tombe* », « *Ce* fantomatique *personnage* » (59).

3. DES LIEUX AIMANTÉS.

La textualisation du corps, son inscription innocente ou infractive dans le décor, obéit à un cérémonial ; voyons rapidement les quelques figures obligées de cet appareil rhétorique. Ce que nous avons désigné par « lieu commun » peut être aussi qualifié de « mise en demeure », c'est-à-dire instance autoritaire dans la mimésis qui serait plus spécialement repérable dans les descriptions spatiales, que cet espace soit semi-naturel (l'ossuaire de Perros-Guirec) ou institutionnel (l'Opéra).

les chambres initiatiques

La chambre de Christine Daaé se dédouble en deux espaces jumeaux, l'un et l'autre témoins et sanctuaires de son art et de sa vie : sa loge, et la chambre proprement dite où l'enferme le fantôme.

Chacune contient un secret, un mystère, comme les boîtes à double fond ou les coffres-forts truqués : si la loge surprend par ses agencements acoustiques et sa glace tournoyante, elle reste malgré tout assez « classique » pour le lecteur friand de récits gothiques. Il faut être aussi candide que Raoul de Chagny pour se laisser duper par ce mirage...

Loge d'initiation, donc, puisque Christine y reçoit des cours de chant d'un invisible professeur, comme si ce lieu communiquait avec un monde aux autres lois, sorte de « sas » entre le diurne solaire et le nocturne souterrain, entre Apollon et Dionysos. Et Christine fait l'expérience du stade du miroir, dans lequel elle entre comme dans de l'eau, ou de la lumière, magnétisée par la splendeur de son chant, mêlé à celui du fantôme. La complexité étourdissante des agencements techniques (poulies, ressorts, contrepoids, trappes...) ne permet pas d'échapper à l'univers scientiste, où tout au moins physiquement explicable, qui marque les présupposés du roman. Christine traverse le miroir, mais l'armature du réel, et du vraisemblable, reste intacte : elle passe le point de non-retour grâce à l'ingéniosité pratique de son mauvais ange, bricoleur à l'occasion. Le miroir fascinant et troublant ne dérive pas vers l'allégorie ou la métaphore : il perdure dans ce qu'il est, une surface réfléchissante qui se transforme en porte à tambour. Le mythe et la science, ou plus précisément l'agencement pseudo-scientifique d'un décor de boîte à musique, se rejoignent dans la loge de Christine, qui pourrait reprendre à son compte la formule de Jean Cocteau : « Chaque jour dans le miroir je contemple l'œuvre de la mort ». Raoul, guidé par le Persan, devenu psychopompe, comprendra en son temps le mécanisme de la glace, qui loin de borner l'espace de la loge, le démultiplie au contraire de l'autre côté du visible.

Tout autre apparaît la chambre nuptiale où Erik dépose Christine après l'avoir enlevée ; en tant que telle, elle est banale, peut-être même laide, en tout cas petite-bourgeoise. Mais elle est nichée dans les tréfonds de l'Opéra, et elle appartient organiquement à l'immense système spatial régi par Erik.

Il s'efforce donc d'y incorporer au sens littéral du terme, la fraîche et pure diva, pour réaliser son rêve d'utopie amoureuse et artistique. Cette taxidermie érotique se sert des images du monde d'en haut pour réconforter la jeune fille, endormir sa méfiance, neutraliser tout écart de représentation trop brutal entre ce qu'elle quitte et ce qu'elle trouve. Chambre en trompe l'œil, puisqu'on ne sait si c'est l'amour ou la mort qui attend Christine au terme de ces épreuves. Lorsque, sauvés par ses soins, le Persan et Raoul gisent dans cette même chambre, nous en trouvons une deuxième description, plus précise et surtout riche d'un détail qui la replace au cœur de l'itinéraire émotionnel d'Erik : c'était la chambre ou plutôt le mobilier de sa mère, là où il fut conçu, là où peut-être il est né, né à la souffrance en tout cas puisque ses parents le fuient... A-t-il espéré effacer ces années d'angoisse et de frustration par le triomphe que serait la conquête affective et physique de Christine ? La chambre petite-bourgeoise apparaît donc comme le lieu de la rédemption pour tous les personnages : Christine accepte d'y épouser Erik,

Erik accepte de gracier Raoul et le Persan, et les deux hommes abdiquent leur orgueil pour se laisser soigner par la jeune fille. Au terme de son cheminement spirituel, Christine se rend compte qu'elle fait corps avec ces espaces, qu'ils la délimitent et la protègent, tant qu'elle accepte d'en respecter les lois.

Une troisième chambre apparaît dans le roman : la chambre des supplices. Elle est réservée aux imprudents qui violent la retraite du fantôme et les accule au suicide par pendaison. L'extrême chaleur qui monte dans cette chambre rappelle certains rites de coction ou cuisson présents dans l'élaboration du grand-œuvre des alchimistes. Un trompe-l'œil particulièrement pervers persuade les victimes qu'elles sont prisonnières d'une forêt congolaise, que leur seule issue est de se pendre au gibet de fer, réfracté par les miroirs qui tapissent le cabinet. Inspirée des fastes orientaux et criminels du Pendjab, cette chambre sert à manifester la puissance d'Erik, mais elle convainc moins que la chambre de Christine, parce qu'elle joue sur le sensationnalisme et qu'elle introduit la stridence temporelle de *thriller* à l'intérieur d'une continuité généralement plus intériorisée et plus réflexive.

Quoi qu'il en soit, loge truquée, chambre des supplices et demeure souterraine finissent par exaspérer le fantôme lui-même, qui rêve de transparence et de vivante relation, qui veut anéantir les pauvres illusions dont il a protégé « *sa monstrueuse laideur* » (453). Une fois que les chambres d'initiation ont transmis leur viatique, elles s'évaporent, devenues impertinentes dans le retour au réel qui marque la fin des aventures : « *J'en ai assez, vois-tu, d'avoir une forêt dans ma maison, et une chambre des supplices !... Et d'être logé comme un charlatan au fond d'une boîte à double fond !... J'en ai assez ! J'en ai assez !...* » (427).

Renonçant à l'exceptionnel destin que lui proposait Erik, c'est bien cette norme de respectabilité petite-bourgeoise que choisira la prudente Christine, en s'enfuyant avec Raoul de Chagny.

entre corps et décor : l'être spectre

C'est que la proximité d'Erik suffit à plonger les autres personnages en pleine fantasmagorie, et autour de ce fantôme volontaire et conscient, palpite tout un monde suggestif d'images tronquées, lumineuses ou effrayantes, de présences à peine ébauchées, de lueurs et fragments incompréhensibles, dont l'étrangeté poétiquement dérisoire fait déjà songer aux présences embryonnaires d'Henri Michaux, dans *La Nuit remue* ou *Mes propriétés.*

Opéra et porosité

Deux épisodes jouent vraiment le jeu de la présence surnaturelle, en parcellisant le corps du fantôme, en créant une osmose entre le personnage et son environnement, et en nous amenant à adopter le point de vue — ou plutôt la cécité ! — des deux jeunes héros, suivis et enveloppés par un Autre dont ils ne parviennent ni à déjouer les pièges, ni à percevoir les contours. Le fantôme devient alors Opéra, puisqu'il domestique les espaces et donne la représentation de son corps invisible, absorbé par le décor au point que rien, dans la conscience des personnages ni dans les remarques du supra-narrateur, ne vient fixer la frontière entre réel et hallucination, entre la fiction du corps et celle des espaces magiquement investis. Plus tard, Raoul revivra une expérience similaire en étant (ou en se croyant) épié par le fantôme. Lorsque Christine décide de se confier à Raoul, elle l'entraîne symptomatiquement sur les toits de l'Opéra, c'est-à-dire dans le territoire spatialement et structurellement opposé à celui du Fantôme. Le chapitre XIII (« La lyre d'Apollon ») met les jeunes gens sous la protection du dieu ouranien par excellence, dieu solaire, plein de grâce et d'élan. La fonction apotropaïque du langage devrait ici fonctionner, puisque à l'univers rayonnant et pur des territoires apolloniens viennent s'opposer en vain les tentatives du monde étouffant, obscur et souterrain, où rôde ce mixte de Dionysos ou de Pluton qu'est Erik. L'aspect dédalique de son domaine pourrait d'ailleurs suggérer pour ce personnage un troisième ancrage, qui ferait de lui un minotaure dont l'amour seul est dévorant.

Quoi qu'il en soit, personne ne sortira indemne de cette confrontation verticale, et l'on peut s'interroger sur l'absence d'intuition de Christine : « *Elle ne vit point une ombre qui la suivait comme son ombre* [...]. » (219).

Bien sûr nous supposons que cette ombre est Erik, mais les modalisateurs atténuent toute identification corporelle potentielle : *aile noire, silencieusement...*

Jouant sur l'acoustique particulière de ce haut lieu ainsi que sur l'hystérie latente de Christine Daaé, le supra-narrateur convoque des échos qui redoublent comme un simple prolongement les actes et les paroles des jeunes gens.

Leurs gestes de tendresse provoquent les déplacements menaçants de cette créature dont les « ailes » suggèrent des images d'oiseau de proie — on songe au ptérodactyle — mais aussi des images lucifériennes de mauvais ange, ou encore les membranes des chauves-souris, ce qui amène la grande majorité du lectorat à identifier le vampire dont la motilité et les desseins dévorants appartiennent aux *topoi* les plus repérables du récit fantastique.

Mais on serait aussi tenté de lire, dans la peinture de ce personnage tout-puissant et masqué, la figure de Fantômas, le mythique héros de Souvestre et Allain, qui naîtra quelques mois après Erik. Comment ne pas évoquer, à propos de ce chapitre XIII du *Fantôme de l'Opéra*, la complainte de Fantômas écrite par Robert Desnos[7] ? Pour gommer, ou tenir à distance, la proxémie de moins en moins cachée d'Erik, la narration l'assimile à la nuit, le fond dans le décor spatio-temporel comme s'il suffisait d'une hypallage pour frapper d'inanité sa vindicte et ses pouvoirs : « *Et elle jeta ces mots avec une telle force qu'ils couvrirent les soupirs de la nuit.* » (243).

À la fois réflexion sur l'être et son double, et catalyseur des situations insolubles, le corps du fantôme s'assimile progressivement à l'énigme littéraire elle-même ; il est le paradoxe éternellement reconduit de n'être pas ce qu'il est et d'être ce qu'il n'est pas : chair et ombre, supercherie ou corruption surnaturelle, outil téléguidé par quelque malveillance exogène, ou au contraire pure volonté d'échapper aux normes et aux lois. Il a donc pour fonction d'être ce *make believe* dont parle Henry James. C'est en ce sens que le corps fantôme, métaphorique ou crédité d'une existence autonome, répond au jugement d'Irène Bessière, concernant la place de l'inspiration fantastique au sein d'un récit : « *Loin d'assurer que "la mort des hommes est absoute par des images", elle atteste l'équivalence, l'égalité de la vie et de la mort et fait deviner l'impossibilité absolue du sens.* »[8].

À la suite de cette entrevue mouvementée, Raoul, couché, est de nouveau en proie à la vision, ou à l'hallucination, d'une présence fantomatique, révélée par un regard éclatant et fixe, métonymie du corps évanescent d'Erik : « *Deux yeux, brûlants comme des brasiers, venaient de s'allumer au pied de son lit. Ils le regardaient fixement, terriblement, dans la nuit noire.* » (270).

Il s'ensuit un jeu d'alternances mécaniques entre lumière et ténèbres, présence et/ou absence d'Erik : « *Il fit de la lumière. Les yeux disparurent.* » (270). « *Une fois encore il souffla la bougie. Les yeux étaient toujours là, au bout du lit.* » (271).

Raoul tire sur les yeux inquisiteurs, trouve du sang sur son balcon... Et nous ne saurons jamais vraiment ce qui s'est passé.

Il n'est en effet plus question de cet épisode dans la suite du récit, et si Erik est blessé, c'est uniquement dans son orgueil, c'est-à-dire dans son amour. Mais ce rocambolesque duel entre Raoul et... rien, permet au moins au jeune homme de gloser sur la nature même de la fiction que nous, lecteurs, sommes en train de déchiffrer : « *Que croire ? Que ne pas croire avec un pareil conte de fées ? Où finit le réel, où commence le fantastique ?* » (270).

Et il tire les conséquences de cet affrontement burlesque entre le thétique et le non-thétique : « *Avec Erik, on ne sait jamais. Est-ce*

Erik ? Est-ce le chat ? Est-ce le fantôme ? Est-ce de la chair ou de l'ombre ? Non ! Non ! Avec Erik, on ne sait jamais ! » (274).

Avant, ou au lieu, de se dénuder, de s'ouvrir comme un territoire vierge ou traître, le corps d'Erik bien souvent se métonymise ou se prolonge par ce qui est encore lui et déjà autre chose, ailleurs : des objets, ou des caractéristiques, deviennent le signe du corps dont ils émanent, signe emblématique au sens du blason, signe de reconnaissance parmi les autres personnages, et signe du plaisir d'écrire.

la voix et le masque comme adjuvants et comme lieutenants

L'immatérialité de la Voix, protagoniste désincarné du *Fantôme de l'Opéra*, occulte et feint d'oblitérer le corps d'Erik, pour lui permettre de s'unir platoniquement à la femme aimée, sans pour autant dévoiler l'affreux paysage de sa face. Cette voix est un fantôme à la puissance deux, puisqu'elle émane d'un spectre — et qu'elle est elle-même spectre du Père, ou envoyée par lui, dans l'imaginaire enfantin de Christine Daaé. La majuscule qui désigne le substantif à l'attention du lecteur, emphatise la confiance aveugle que Christine a en cette présence miraculeuse. Il est certain que les caractères d'ambiguïté et les prouesses techniques de cette Voix en font un personnage à part entière, même si, par une antinomie tragique, le corps qui lui est associé n'exprime que laideur et que dévastation.

La séduction orphique, hermaphrodite, de cet organe, fait se rejoindre les sexes et les temps, dans une conjonction splendide où l'âme de Christine flotte, embrasée.

Mandatée par le père mort, la Voix entraîne Christine et Erik dans un nœud œdipien d'autant plus douloureux qu'il est différé. Ce père musicien qui fait retour dans la loge de sa fille et l'entraîne avec lui dans l'empire des morts a toute la pesanteur des obéissances passées et prolongées. La voix représente des valeurs de régression, même si elle emprunte aux fantaisies démonologiques ses facultés d'androgynie et d'ubiquité ; ventriloque, Erik truque la perception acoustique de ses victimes, exactement comme il truque leurs repères spatiaux et temporels.

Cette voix traverse cloisons et muqueuses, violant les lieux et les corps. Elle reprend au champ sémantique du fantôme sa capacité de franchir tous les obstacles matériels, et de remplacer le phantasme d'immatérialité qui travaille Erik. Sa voix subsume son corps, le faisant proliférer là où il ne saurait aller, le rendant protéiforme et insaisissable. Capable d'engendrer, sans que le corps soit convoqué, une autre voix à son image, Erik façonne Christine et l'accouche d'elle-même, par la seule pédagogie du chant.

Il peut aussi faire vaciller et choir la Carlotta, si fière et si sûre de sa voix : les jeux lexicaux du « mirobolant » Leroux rendent l'épisode particulièrement équivoque et savoureux, puisque nous sommes dans l'incapacité immédiate de déceler non pas le « vrai » du « faux », mais l'imagé du simplement fictif, c'est-à-dire le degré d'artifice où nous promène l'auteur : « *De cette bouche s'était échappé... un crapaud ! Ah ! l'affreux, le hideux, le squameux, venimeux, écumeux, écumant, glapissant crapaud !...* » (151).

Comment ne pas évoquer les récits où la méchanceté d'une femme se visualise par sa bouche grande ouverte sur un flot de vipères, crapauds, scorpions... censés manifester le venin contenu dans ses paroles ? Ici, même châtiment, et même effet de choc, dû à l'indécidable de la tournure : ce « *crapaud couaquant* » (152) a tout le naturalisme d'un batracien « réel », c'est-à-dire appartenant au même plan de réalité que la Carlotta. Il désigne bien sûr une fausse note émise par la chanteuse (c'est-à-dire par la voix d'Erik, ventriloque à ses heures), mais son indice de vraisemblance est si haut qu'on en voit « *les pattes de derrière repliées* » (151) et qu'on en sent le crachin perturbateur : « *La salle en fut comme éclaboussée.* ». Ce participe passé permet l'exacte collusion entre l'acception « propre » et l'acception « figurée » du crapaud : les embruns provoqués par son bond ne propagent en fait que l'onde de scandale qui « éclabousse » bel et bien l'Opéra, préludant à l'écroulement du lustre, réponse cette fois démétaphorisée et littérale à la « chute » vocale et mondaine de la Carlotta.

Cet épisode bouffon sert de récréation à la grande affaire du roman, à savoir la transverbération de la chair en lumière pure.

L'insémination du corps de Christine par la voix d'Erik est si patente, les images de gestation et de délivrance si précises et si riches, que Leroux imagine pour servir de sépulture à Erik un « cimetière de voix enterrées » comme les enfants mort-nés d'un insuffisant amour féminin. Et l'image poétique de cette grande voix, couchée à jamais parmi les débris d'autres sons et d'autres tons présuppose à bien des égards l'imaginaire surréaliste, qu'il soit textuel ou pictural : « *On se rappelle que dernièrement, en creusant le sous-sol de l'Opéra, pour y enterrer les voix phonographiées des artistes, le pic des ouvriers a mis à nu un cadavre* [...]. » (14).

Lorsque Erik rentre dans le silence, il entraîne avec lui la voix qu'il avait arrachée à la platitude et la renvoie dans un hors texte indéfiniment différé comme le châtiment ou la malédiction : « *Qu'était devenue la sublime et mystérieuse cantatrice dont la terre ne devait plus jamais, jamais entendre parler ?...* » (485).

La mise en scène romanesque de la voix est une mise en écriture de ce qui, par essence, échappe à l'écriture : un son, une vibration, une particularité acoustique. Pour ce faire, la stylistique leroussienne recourt presque systématiquement à la forme dialogique, qui donne bien sûr l'illusion du « vrai », mais aussi produit cette stéréophonie des différentes voix du texte, qui ne parvient pas toujours, pas forcément, au chant (seule, sans doute, la poésie peut vraiment faire chanter le langage). Mais la mimésis de la voix humaine est également relayée par l'utilisation, abondamment soulignée et analysée par la critique, de l'italique ; la « petite musique » de Leroux a trouvé là sa forme privilégiée et parfaite, malgré une utilisation tardive devenue systématique et peu à peu dénuée de sa magie première. L'italique donne au texte un vibrato particulier, emphatisant, isolant, désignant certains fragments comme l'intonation du discours met en valeur, ou en doute, le message énoncé. L'italique permet d'inscrire la phrase dans une double compréhension : elle a, bien sûr, un sens immédiat et contextuel ; mais elle appartient

33

aussi à une plus vaste nébuleuse sémantique qui ne prendra sa véritable amplitude qu'au terme d'un déchiffrement ultérieur. Le style leroussien (en)chante, donc, par les ressources d'un phrasé à l'oralité artificiellement et artistiquement mimétique ; la voix d'Erik continue de s'élever en silence, dans le secret de notre propre imaginaire musical.

Le masque d'Erik joue sensiblement le même rôle de déchiffrement différé que la voix elle-même, qui synthétise toutes les aspirations positives du personnage, « *voix d'homme, voix d'ange* » (244) comme le rappelle Christine en lui accordant cette double postulation.

Le masque appartient de plein droit aux lieutenants puisqu'il couvre le « vrai » visage du fantôme, et occulte ainsi le scandale le plus choquant. On peut noter que les masques d'Erik ont toujours fasciné les réalisateurs successifs qui se sont employés à transposer en film le récit de Leroux, c'est-à-dire Rupert Julian (1925), Arthur Lubin (1943), Terence Fisher (1962), Brian de Palma (1974) et Dwight Little (1989). Élément plastique et symbolique, le masque remplit ainsi pleinement sa fonction de jalon affectif et de marquage émotionnel : une femme a donné à Erik son premier masque, une femme le lui arrachera. Entre ces deux gestes, homologiques et contradictoires, le visage fermé d'Erik s'absente du monde de la représentation, et n'offre que l'énigme de sa grimace : « *Ma mère* [...] *elle se sauvait... en me jetant mon masque !...* » (480). « *Mes doigts rapides arrachèrent le masque...* » (252).

Par un paradoxe constitutif de son être même, c'est le masque qui permet à Erik d'être « naturel », c'est-à-dire de se mêler incognito aux foules du dehors. Cet épisode présuppose cependant que dans la vision de Leroux, les cercles concentriques qui s'élargissent autour d'Erik (l'Opéra, Paris...) soient contaminés par le désir du travestissement et de l'occultation, et que le bal masqué ou le carnaval offrent les véritables visages de la société, d'autant plus crédible qu'elle est métamorphosée en immense et clinquant pandémonium : « *À Paris, on est toujours au bal masqué* [...]. » (55).

L'imposture d'Erik, ce masque qui le banalise, lui sert aussi de passeport paradoxal pour parader « dans un monde où chacun triche », selon l'expression d'André Gide.

Le masque fait plus que changer le visage d'Erik, il le remplace et brouille les limites entre artifice et nature, entre pigmentation et carton-pâte. Cette confusion amène Christine Daaé à proférer un involontaire oxymore : « *Le masque noir d'Erik me faisait songer au masque naturel du More de Venise* » (251-2).

L'expression *masque naturel* rend compte du contraste racial chargé d'érotisme entre la blondeur de Desdémone et la peau sombre d'Othello. Mais elle a ici une autre fonction : elle désigne en effet le masque comme la surface d'un miroir, où l'œil voit ce qu'il désire voir, où la matière et la couleur, captées par nos phantasmes, peuvent se résoudre dans le visage de l'Autre, c'est-à-dire dans tous les visages, expression universelle et mate que le masque oppose et propose en même temps au regard avide de la diva. La voix d'Erik est son adjuvant le plus remarquable dans la mesure où elle va vers l'Autre, et trace comme un chemin entre l'émetteur et le destinataire ; le masque assume au mieux son rôle de lieutenant, car il aspire et attire les regards et les représentations d'autrui pour les condenser dans l'impassibilité formelle de l'art. L'enjeu est trop haut pour Christine : elle ne peut pas encore se contenter de la stylisation des sentiments, elle arrache le masque trop tôt... et tue innocemment celui qui s'y cachait.

On peut noter d'ailleurs le lien métaphorique qui induit une double osmose entre, d'une part, le chant et la vie et, d'autre part, le silence et la mort, mort d'ailleurs souvent mise en scène dans l'élément liquide !

L'eau est ici « enfermée », car souterraine, elle suggère donc des images de stagnation et de froid minéral, pétrifiant. Cette eau mauvaise vient de la Grange Batelière, qui forme le lac souterrain où erre le fantôme. À moitié légendaire, ce lac conserve d'ailleurs ses secrets, par les soins de l'auteur, qui feint d'en vouloir préserver la crédibilité en même temps que le mystère.

Le lac « *aux eaux de plomb* » (491) se referme sur les vestiges de ce rêve, ce monde renversé au ciel de pierre.

Irruption fantasque d'un « daimon » depuis longtemps conjuré, le visage d'Erik traverse de part en part l'étanchéité des systèmes et des mondes, créant un appel d'air et de sens, un puits creusé entre l'Enfer et le Ciel, aussi directement ascensionnel et insaisissable que la voix qui monte, s'épanouit, résonne ; si les Enfers suscitent la trace d'Orphée, c'est sans doute pour faciliter l'intrusion de Christine, qui berce les morts, charme les spectres, dompte les eaux et le feu. Erik, nouvel Hadès, l'entraîne avec lui pour priver le monde supérieur de sa lumière et de sa beauté ; il se découvre néanmoins un nouveau Thésée et un nouveau Pirithoüs, sous les espèces du vicomte Raoul de Chagny et de son compagnon le Persan, pour réitérer l'expédition périlleuse et récupératrice, essayant d'aller, selon Racine, « *du dieu des morts déshonorer la couche* »[9]. Pour protéger sa demeure des importuns, Erik régit l'eau et le feu. L'alternative qu'il propose aux violateurs imprudents (noyade ou explosion) évoque la taxie bachelardienne des éléments, et leur interaction dans l'imaginaire des corps. En effet, l'Enfer d'Erik est un enfer de feu, où les tonneaux de poudre préparent l'apocalypse. Or, ce feu mythique dévore aussi, symboliquement, celui qui le prépare en même temps que ceux qui le subissent. Le renoncement final d'Erik rompt avec le mythe d'Hadès-Pluton, et submerge la menace du feu sous un déluge de larmes : « *Si tu manques le feu, l'échec cuisant rongera ton cœur, le feu restera en toi. Si tu produis le feu le sphinx lui-même te consumera. L'amour n'est qu'un feu à transmettre. Le feu n'est qu'un amour à surprendre.* »[10].

Le caractère igné du personnage d'Erik est contrarié par l'aspect ophélien de Christine : «*En face de la virilité du feu, la féminité de l'eau est irrémédiable. Elle ne peut pas se viriliser.* »[11].

La présence des résidus mythiques montre que l'imagination des profondeurs permet d'exhumer la culpabilité enfouie et d'organiser ainsi la rédemption des fautes et des souillures. Cette œuvre au noir qui s'accomplit sous l'Opéra atteste d'un déplacement du sacré, celui de la transe ou celui de la prière. Les corps sont en attente d'une religion nouvelle, qui les délivrera des supplices préparés par Erik, dieu et juge des Enfers. À cet égard, on peut signaler l'importance du bal masqué, et des jeux de mots et de regards qui suivent l'incube : décorative mais inquiétante, l'allusion à Pluton passe du statut de canular au statut de dévoilement éristique : «*Chez quel maître, dans quel atelier, fréquenté de Pluton, on lui avait fait, dessiné, maquillé une aussi belle tête de mort!* » (181).

C'est par la femme, à la fois Proserpine-Cérès et Eurydice miraculée que s'accomplit le franchissement. Comme viatique, Christine revendique d'ailleurs hautement cette trêve orphique : «*Seule revivait la voix et je la suivais enivrée dans son voyage harmonieux; je faisais partie du troupeau d'Orphée!* » (244).

Le lac souterrain, la frontière la plus menaçante, engloutit le comte de Chagny parce que son cœur est impur. Mais il laisse au contraire passer et repasser Christine Daaé qui, arrivée sur le cheval du «*Prophète*» (236) repart comme un messie fragile vers les régions «*du nord du monde*» (486). Cette reconquête de la lumière et de la vie était d'ailleurs promise par Erik lui-même, tour à tour dispensateur de bienfaits et de châtiments, puisqu'il lui avait joué, à plusieurs reprises, la résurrection de Lazare (122-3). Elle laisse à jamais derrière elle la dépouille du dieu ancien, feu castré, amputé de ses pouvoirs. Si Erik choisit de mourir près de la fontaine, c'est sans doute pour étreindre une dernière fois la triple présence de la femme, de la source et de la mort : sur cette conjonction, Gilbert Durand note que l'«*eau devient même une directe invitation à mourir, de stymphalique qu'elle était elle "s'ophélise"* [...]. *L'eau est épiphanie du malheur du temps. Elle est clepsydre définitive. Ce devenir est chargé d'effroi, il est l'expression même de l'effroi.* »[12].

Ainsi, lorsque Erik sentira son heure venir, c'est vers une source, liquidité redevenue pure après son sacrifice, qu'il se traînera, comme vers une promesse de consolation, de fraîcheur, un substitut peut-être du corps de Christine Daaé : « *Le squelette se trouvait tout près de la petite fontaine.* » (498).

Le sang ne coule pas dans *Le Fantôme de l'Opéra*, mais il est puissamment suggéré par le déguisement d'Erik : la Mort rouge[13]. Couleur de la passion, de la mort et aussi de la résurrection, l'incarnat dont se revêt le fantôme appelle son corrélat, le feu dévorant : « *Manteau de velours rouge dont la flamme s'allongeait royalement sur le parquet* » (181), mais aussi son contraire, ou son opposé complémentaire, le corps virginal et fragile de Christine : « *Elle étendit d'un geste tragique ses deux bras, qui mirent une barrière de chair blanche sur la porte.* » (183).

Le sang, le feu, la chair se conjuguent pour dire le tragique d'Éros et la réversibilité radicale du vivant et du mort, de la haine et de l'amour. La polarisation du rouge se retrouve dans le choix de l'encre, bien sûr incongrue et menaçante. L'engramme méphistophélique « diabolise » à pleine puissance l'auto-scéno-graphie d'Erik, qui d'ombre noire à mort rouge, essaye ainsi d'occulter la blancheur répulsive de l'ossement, du squelette. Tant que le sang coule encore, métaphorique ou réel, la vie continue de palpiter, et pourtant Erik se méfie du sang : il tue par pendaison, étranglement (le fameux « lacet du Pendjab ») ou noyade... jamais au couteau. Ce sont des modes d'exécution froids, par contention et occlusion, alors que le couteau ouvre, déchire, pénètre ; là aussi, nous pouvons peut-être lire une expression atténuée de son impuissance, de son recul devant le contact, fût-il meurtrier, avec l'Autre, ou tout au moins le sang de l'Autre.

Tout se détraque en même temps : les corps, le décor, les tropes, sont soumis à la même dégénérescence. Le corps donne le branle à cet envahissement crépusculaire de la scène de la vie par l'Autre Scène, où la matière s'effiloche et devient brouillard, où les contours se pénètrent et s'effacent, où se raréfient et finalement s'éteignent les « figures vermeilles » et la fraîche voix des fées : « *Mais au-dessous on murmure que se trouve un lac noir, impénétrable, où parfois le Fantôme de l'Opéra vient en barque enlever une cantatrice à la voix d'or, Christine Daaé, au nom de déesse grecque.* »[14].

II

UNE ÉROTIQUE

L'heure attendue et pourtant surprenante,
angoissante et pourtant désirée, c'est
l'heure de la puissance des ténèbres.
Jean SÉMOLUÉ

AINSI, sans sacrifier entièrement aux codes romanesques de
l'histoire d'amour, notre œuvre est traversée par la diagonale
du désir, de l'empêchement, de l'obstacle. Leroux ne peut
témoigner du grand désordre des corps amoureux qu'en euphé-
misant et en déplaçant ce désordre de l'être vers l'objet, du
corps vers le décor ; la loge de Christine, épicentre des
convergences érotiques et heuristiques, en est plus que l'exemple,
l'archétype. Loge tour à tour close et pénétrée, blessée et réparée,
lieu catalyseur et redistributeur des énergies et des trajets du
roman ; comme un secret, une fêlure, une comptine (outre)passent
les valeurs d'ordre et ce chaos, le refus et le souvenir du sexuel,
qui font de ce roman le constat de l'altérité radicale, abysale,
de la féminité. L'érotique est femme, parce qu'elle fait signe et
se dérobe, parce qu'elle se reprend sans logique, suscitant en
l'homme excédé l'enfantin réflexe de la violence et de la mort :
« *Et le sphynx reste debout, au seuil des tombeaux, avec son*
profil de femme. »[15].

1. De l'éros courtois...

Le déictique le plus récurrent du roman est certainement le *mon ami* dont Christine apostrophe rituellement Raoul, aux pages 107, 109, 149 (variante : «*mon cher ancien petit ami*»), 185, 186, 187 (plus une variante : «*mon amie, mon amie, gémit-il*»). Le «*mon ami*» de la page 189 s'adresse à l'Autre, à Erik : désir de neutraliser le monstre ? Désir d'homogénéiser les deux amours, voire les deux hommes ? Pages 199 (variante : «*je suis votre amie*»), 226, 227 (deux fois), 229 (deux fois), 231, 234 (variante : «*Pauvre ami*»), 236, 237, 244, 258, 259, 260 (variante : «*Ami*»), 265, 267, 269 (deux fois). En englobant les variantes, Christine appelle donc Raoul «*mon ami*» vingt-cinq fois en cent soixante pages. La raison en est que la plupart du temps, Erik écoute, et qu'il ne peut être que rassuré par cette interjection dépassionnée et neutralisante. On peut aussi entendre une nuance de condescendance dans cette apostrophe qui fait de Christine une aînée, ou une supérieure, devant la jeunesse inexpérimentée et ignorante de Raoul. N'est-il pas plusieurs fois désigné comme «*le misérable, petit, insignifiant et niais jeune homme*» (169) ?

L'aveu, le renoncement, la tendresse fraternelle, l'enfance partagée, la virginité plusieurs fois soulignée de Raoul, trament le champ sémantique d'un échange courtois, qui peu à peu se mue en amour profond, au fil des multiples épreuves et contretemps qu'Erik suscite dans son délire jaloux. Mais Erik lui-même, à côté d'épisodes d'une grande violence, sait jouer le jeu de l'échange courtois : esclave de sa Dame, il accepte de renoncer à elle et de la laisser partir avec Raoul.

Christine comprend si bien l'ambivalence foncière d'Erik qu'elle porte au doigt, avec fierté et inquiétude, son anneau d'or. Ce qui décide finalement de cette errance sentimentale, c'est l'absolue hideur physique d'Erik. Raoul, lucide, accule Christine à la question fondamentale, que celle-ci n'élude pas, mais qui reste posée, comme l'enjeu spécifique du roman, son cœur obscur et aveugle : « *Si Erik était beau, l'aimeriez-vous, Christine ?* [§] — *Malheureux ! Pourquoi tenter le destin ?... Pourquoi me demander des choses que je cache au fond de ma conscience comme on cache le péché ?* » (261).

Les trois héros de cette « ténébreuse affaire » sont tous marqués par l'isotopie des larmes. On peut relever une dizaine d'occurrences « lacrymantes » par personnage ; il arrive que chacun pleure isolément, ou que les larmes réunissent, par leur élixir de compassion et d'apaisement, un couple fortuit qui sort purifié et grandi de cette tempête intime subie en commun.

Ce qui sort du corps de Christine, ce qui est « fabriqué » par elle, et nous avons plus tôt vu que les larmes sont des « perles », c'est-à-dire des concrétions précieuses, pénètre le corps dévasté du fantôme, rappelant certes tous les mythes de baptême et de purification aquatiques, mais aussi les fluides de l'amour, de l'échange, l'abolition de la sécheresse primitive de l'homme au contact de la fraîcheur humide du ventre de la terre ou de celui d'une femme. On peut même distinguer les trois phases constituantes de la métamorphose d'Erik : d'abord vient le constat : « *Elle aussi pleurait.* » (480). Puis l'injonction : « *Ne pleure plus !* » (481) et enfin la conséquence du pardon d'Erik : « *Christine ne pleurait plus* [...]. » (482). Après ce paroxysme libérateur, Erik gardera quelques pauvres reliques de Christine ; parmi ces trésors, il y a « *deux mouchoirs* » (483) qui métonymisent les larmes versées par la jeune fille, et rappellent aussi, intertextuellement, le mouchoir de Desdémone et celui de Julie de Wolmar, que Saint-Preux retrouve « *fort mouillé* »[16], lorsqu'ils se séparent pour toujours. Ainsi, de l'Éros sadique à l'Éros sacrificiel, c'est Erik qui parcourt la plus grande distance et transforme sa violence initiale en *courtoisie* au sens le plus fort et le plus plein, c'est-à-dire l'assentiment au bonheur de l'autre, et, pour soi, la plongée vers la mort.

2. ... À L'ÉROS VIOLENT.

N'oublions pas en effet qu'inhérente aux stratégies d'échange, se pose la question jamais explicite mais toujours latente du viol. Ce paroxysme de l'échange violent est l'horizon des rapports entre Erik et Christine, mais aussi le point d'évitement du récit.

Sans doute cet acte répréhensible n'est-il bien sûr qu'ébauché, mais sa menace constante oriente l'anxiété du lecteur et instaure une tension forte ; le moi chevaleresque du lecteur lutte contre son moi tortionnaire, et la présence du « méchant » et de ses affreux desseins fait courir un délicieux frisson d'interdit. Le viol « littéraire » a toujours été un objet de polémique dans l'économie des romans qui, parfois, s'originent pourtant lors de cet acte où désir et désir de mort fusionnent désespérément : c'est le cas, rappelons-le, du roman *La Comtesse de Charny*, où le viol initial d'Andrée de Tavernay amène Alexandre Dumas à réfléchir sur l'amour, la fatalité, la bâtardise et la Révolution.

Aussi Raoul de Chagny ne cesse-t-il de s'imaginer Christine violentée par Erik, assimilant d'ailleurs la défloration à la mort, ce qui lui évite d'évoquer la possibilité d'un consentement féminin, même partiel ou inconscient. Le phantasme de jalousie sexuelle est si prégnant que Raoul se sent littéralement frappé d'impuissance par le rival abhorré : « *Et Raoul pense encore aux étoiles d'or qui sont venues la nuit dernière errer sur son balcon, que ne les a-t-il foudroyées de son arme impuissante !* » (295).

Sans doute s'inquiète-t-il à tort, la mutilation faciale d'Erik faisant certainement signe d'autres manques, d'autres déficiences. Néanmoins, les manifestations amoureuses du Fantôme sont suffisamment exacerbées pour mettre en péril la vertu de Christine. Il n'est donc pas surprenant qu'Erik, fidèle à l'imagerie puérile et terrifiante dont il joue en maître, confie à deux effigies animales l'aboutissement de ses désirs et de son destin : le chapitre XXVI s'intitule en effet : « *Faut-il tourner le scorpion ?*

Faut-il tourner la sauterelle ? » (453). La sauterelle... saute[17].
Comprenons qu'Erik mettra le feu aux poudres et fera exploser
l'Opéra si Christine se refuse à lui. Le choix du scorpion (qui
noie les tonneaux de poudre et figure l'acquiescement de la
jeune fille) offre un rapport de figuralité plus obscur ; on peut
peut-être interpréter la mortelle piqûre de l'insecte comme une
projection fantasmatique de la défloration de Christine, conséquence implicite mais prégnante de son intimité acceptée avec
Erik. En fait, nous l'avons observé, Erik se transforme *in extremis*
en « pauvre chien », renonçant à la panoplie des pouvoirs enclos
dans les coffrets d'ébène, et que rappelaient le scorpion et la
sauterelle, à la fois ennemis dans leur fonction et proches par
l'allitération en *s* qui en caractérisait l'initiale. Christine saura
annihiler les pulsions destructrices d'Erik, et il gracie finalement
le jeune couple au prix d'un baiser, donné avec amour et pitié
par la jeune fille. C'est auprès de son confident, le Persan
anonyme, qu'il laisse éclater sa joie et son désespoir, dans le
soliloque amoureux d'un géant blessé à mort, mais touché, à
son heure dernière, par la compassion d'une femme : « *Elle m'a
juré, sur son salut éternel, qu'elle consentait* à être ma femme
vivante ! » (478).
    Ces jeux sadiens d'attraction/répulsion, ces coquetteries
d'affectation entre le prince charmant et l'ange des maudits, ces
valses meurtrières où les couteaux blessent les chairs tandis que
les miroirs se fracassent pour ne pas avoir à réfléchir, ne fût-ce
qu'un seul instant, semblables outrages, participent il est vrai
d'une imagerie victorienne surannée. Mais les figures si peu
leroussiennes de la litote, du déplacement et de l'euphémisme
permettent aux corps de creuser leur propre autonomie romanesque, par le trouble des niveaux d'énonciation et l'hésitation
des médiateurs ; l'aveuglement du sexuel dans notre récit participe
des structures d'empêchement qui emprisonnent et stimulent à
la fois l'énergie des protagonistes : l'outrance gothique des mises
en proximité (enlèvement, séquestration, faux mariage, menace
de mort et tentative de meurtre) se résout la plupart du temps
en prostration réciproque. Il est curieux de constater qu'après le

45

tintamarre initial des relations amoureuses, une relative neutralisation, un engourdissement, saisissent l'intrigue : la chronique des aventures et la crise des affects ont du mal à croiser leur temporalité, même si le centre en est bien toujours le corps du mort ou celui de l'aimée, absent de soi ou du regard de l'autre, donc moteur de désir et d'affolement des récits, générateur de monde.

Si le corps de Christine est bien le territoire d'affrontement entre les trois hommes de sa vie (le père mort, le frère-amant, et l'initiateur), Leroux s'entend aussi à l'escamoter, à le ravir, pour mieux exhiber la stupeur qui s'empare de son amoureux transi devant ce scandale littéralement informulable : le corps absent d'un lieu où il s'inscrivait pourtant, charnellement et sans échappatoire possible, quelques instants plus tôt : « *Raoul qui regardait prudemment, derrière son rideau n'en pouvait croire ses yeux qui ne lui montraient rien.* » (189-90).

Ce corps bientôt annihilé par la complexité d'un miroir, ou par la force du désir d'un Autre, ou par le peu de foi de l'apprenti amoureux... est devenu ce « rien » d'où s'origine le désir de reconfigurer ce qui fut dérobé.

Et la Passe amoureuse se fait passage secret, puis passation, pour répondre à l'attente crispée du lecteur, évoquée en quelques mots par Alain Robbe-Grillet : « *On trouve des choses et ces choses semblent être un appel au sens. Un appel déçu.* »[18].

3. RÉMINISCENCES.

C'est ici qu'il nous faut évoquer l'une des sources les plus probables de notre roman : en 1892, Jules Verne avait délaissé ses « grosses machines » habituelles pour une œuvre brève, intimiste, qui certes ne fait pas figure d'exception, mais qui joue sur des registres plus personnels, plus émotionnels que la majeure partie de son corpus. Ce roman s'intitule *Le Château des Carpathes*. Il est d'ailleurs lui aussi déjà ébauché dans une œuvre précédente de Jules Verne intitulée *Une Ville flottante*, où l'on trouve la quête amoureuse d'une femme peut-être morte dans les coursives d'un immense bateau. La même thématique éclaire la fiction de Leroux et celle de Verne : l'amour fou d'un méchant pour une chanteuse d'opéra, également convoitée par un gentil. Les titres évoquent des imageries différentes, il est vrai : mais entre l'Opéra de Leroux et le château de Verne, il est facile de repérer un sémantisme commun du haut lieu, prestigieux donc interdit, labyrinthique et clos sur ses propres rites. Une fois posé ce *kosmos koïnos* du phantasme aristocratique et/ou spectaculaire, le *kosmos idios* introduit d'importantes variations, qui ne détruisent pourtant pas la ressemblance secrète des deux œuvres, leur pouvoir d'envoûtement, la tristesse délicieuse et funèbre qui s'empare du lecteur. Une jeune diva, la Stilla, est aimée d'un baron aux sombres desseins, Gortz, et d'un charmant jeune homme, le comte de Telek ; elle disparaît, et chacun se persuade que le baron la séquestre dans son château, car certains soirs, on voit sa silhouette se promener sur la haute tour, et surtout on entend sa voix d'or résonner dans la désolation du paysage. Mais, note Catherine Clément, la « *seconde Stilla n'était qu'un leurre, un fantôme reconstitué par un amour fou ; elle s'intégrait dans une machinerie phantasmatique où se prenait le désir d'un homme épris de la seule voix de la morte* »[19]. Ainsi, la permutation est tentante. Il suffit de remplacer la Stilla par la Daaé, Gortz par Erik et Telek par Raoul pour voir se reconstituer notre propre trio. Là aussi s'affrontent Éros et Agapê, là aussi se déchirent le pur et l'impur. Le nom vernien de la cantatrice est particulièrement riche en résonances : on peut y entendre d'abord un oxymore, puisqu'en allemand *still* signifie « silencieux », « calme », « tu »... ce qui va à l'encontre de la fonction d'une diva. Mais ce sème du silence est combattu par l'autre souvenir linguistique présent dans ce nom, le latin *stella*, « étoile » ; si l'étoile se tait, son éclat spectral nous parvient encore bien longtemps après sa mort, par le double miracle d'un amour enragé et de toutes les ressources du mythe technique propre à l'auteur. Les deux divas, la Stilla et la Daaé, ne peuvent donner leur son le plus pur que parce qu'elles sont vierges. Mais elles n'atteignent leur point d'incandescence que lorsqu'elles aiment, ce qui revient à les placer au cœur d'un paradoxe, dont ni la femme ni l'art ne sortira indemne.

Dans les deux cas l'intégrité physique et affective prend une signification presque sacrale, comme si l'amour sexuel tuait le chant, en rendant *still* la Stilla et silencieuse la Daaé.

La fin chez Verne est paradoxalement beaucoup plus noire que chez Leroux : la Stilla meurt, vampirisée par une machine comme le sera plus tard la Faustine de *L'Invention de Morel*, le comte de Telek sombre dans la folie, et le baron périt avec son château, ravissant ainsi à jamais l'hologramme qu'il avait arraché au néant ; cet *excipit* est beaucoup plus fidèle à l'atmosphère gothique que la fin du *Fantôme de l'Opéra* où l'ordre des choses se restaure dans « la nuit sans fin » d'un couple banal.

Les silences, les blancs, les désignations périphrastiques et les excès mêmes dessinent des rapports amoureux qui s'affichent plutôt dans l'ordre du manque que de la plénitude, et dont l'insatisfaction foncière relance la fureur des personnages et du récit. La formule de Virginia Woolf *to want, to want, and not to have* pourrait particulièrement caractériser le tropisme qui, inlassablement, jette Christine dans les bras d'Erik, et avec la même troublante vitesse, l'en arrache pour la précipiter vers le « sauveur » ; il y a un emballement des corps et des gestes qui rappelle le contexte général, moderniste, de l'époque : la découverte de nouveaux moyens d'investigation et de transmission rend caduques les amours d'antan, « lentes et nonchalantes », et modèle les affects à son image ; le rapt et la rupture sont la manifestation ostentatoire de cette gravure (ou griffure) du corps dans l'espace, où l'on se déplace vite pour se heurter violemment.

Quelques années après Leroux, Georges Bataille montrera qu'Éros est le principe même de la création littéraire, puisque l'on écrit pour celui ou celle qui n'a pas voulu de notre amour. À cette béance creusée par le départ, l'éviction ou le délaissement de l'Autre, le texte vient proposer un autre monde possible, un monde où l'amour naît du remiroitement infini des lectures et des souvenirs.

III

UNE HEURISTIQUE

Quand les choses ont accompli leur œu-
vre, quand la terre a achevé l'œuvre de la
nuit, l'aurore s'approche, et l'instant de
son lever est l'heure de la mort.

NOVALIS

ON peut être amené à s'interroger sur la rhétorique imageante de la nuit, telle que les corps qui s'y meuvent la rendent paradoxalement visible ; cette rhétorique n'est pas séparable de la thématisation de la douleur, qui naît d'elle ou qui la précède, forçant les corps par l'effraction, l'effroi et le vertige, à exprimer malgré eux des bribes de messages, des fragments de vérité. Dans la quête du vrai, qui coïncide souvent avec la quête du père, les contorsions et les apparitions nocturnes donnent une première réponse, forcément incomplète, qui frappe les imaginations sans éclairer l'esprit logique : spectacle et spectaculaire, la nuit apparaît déjà comme une représentation picturale, parfois figée et vide, grand plateau en attente et en instance de sens comme la scène encore déserte d'un théâtre, ou bien sûr d'un opéra. Puis, surgissant de son mystère même, de ses tonalités froides et plates, de ses tumultes cachés, les corps se configurent, ombres ou cris, silhouettes qui fuient, qu'on n'identifie pas, qu'on essaie de tuer et qui s'évaporent.

1. Douleurs dans la nuit.

de l'avenir à l'advenu

Mais peut-on vraiment parler de nuit (ou de jour) dans *Le Fantôme de l'Opéra* ? Sans doute, puisque l'une des rares scènes extérieures à l'Opéra lui-même se déroule pendant une nuit bretonne, qui additionne les caractéristiques terrifiantes du lieu (un ossuaire à Perros-Guirec) et du moment (le cœur des ténèbres). Le cadre est surdésigné comme terre consacrée, par exemple par le nom de l'auberge : «*Elle est descendue à l'auberge du Soleil-Couchant.*» (106).

Le soleil «couché» amène la fantasmagorie d'une nuit blanche, non pas tant au sens de l'insomnie que de la tonalité... «*La lumière de la lune était éblouissante et la neige qui couvrait la terre, en nous renvoyant ses rayons, faisait la nuit plus claire encore. [...] Je n'ai jamais vu une pareille lumière nocturne. C'était très beau, très transparent et très froid.*» (120).

La théâtralité de ce passage atteint son paroxysme lorsque, écoutant sans comprendre un violon jouer *La Résurrection de Lazare*, Raoul de Chagny témoigne de l'incandescence glacée du moment : «*[...] dans cette minute rayonnante et funèbre.*» (122).

La fusion de la lumière et de la nuit, de la chair et de l'ombre, de l'amour et de la mort, s'accompagne d'une précision temporelle banale par son formalisme, et signifiante par l'exact point d'équilibre et de basculement qu'elle symbolise, entre raison et démence, entre le monde charnel et le monde spirituel : «*À ce moment, minuit sonna. Le deuxième coup tintait encore [...].*» (121).

Une autre scène d'extérieur se passe à Longchamp, par une autre nuit, glacée et pure elle aussi : «*Il faisait un clair de lune superbe [...]. Il faisait un froid de loup, la route apparaissait déserte et très éclairée sous la lune.*» (170), «*Il considéra cette route désolée et froide, la nuit pâle et morte.* » (171).

Mais ces nuits « naturelles », si elles appartiennent de plein droit à l'atmosphère gothique qui baigne les récits, ne sont que les doublures des nuits « artificielles » de l'Opéra, où la machinerie raffinée de l'énorme bâtiment dispense à volonté le clair et l'obscur, le vertige et la sérénité. Les deux visages du temps se confondent, dans « *l'immense vaisseau ténébreux* » (125), pour marquer les voltes possibles de la fiction, qui successivement posent et arrachent les masques du héros : « *Les choses, dans cette nuit factice, ou plutôt dans ce jour menteur, prenaient d'étranges formes.* » (126).

Facticité et mensonges caractérisent l'ensemble du récit, où la réversibilité contamine les âmes, les corps, sous le signe du double et plus généralement du dieu Janus : les deux divas (Daaé *vs* Carlotta), les deux frères (Raoul et Philippe), les deux pères (le ménétrier Daaé et le fantôme Erik), les deux amants (Raoul *vs* Erik), les deux directeurs (Richard et Moncharmin) et finalement les deux mondes superposés et spécularisés, se contemplant l'un l'autre par le truchement humide du lac souterrain.

Le mort vivant qu'est Erik ne peut affronter le superbe défi que la lumière représente pour lui, lui dont les yeux ne s'illuminent que dans et par la nuit. Remonté des grands fonds de l'Opéra à la surface, il risque d'exploser, privé de ses ténèbres consubstantielles. Au contraire, l'angélisme ascensionnel des deux jeunes premiers s'épanouit dans la lumière, qui les porte l'un vers l'autre et les débarbouille des stigmates du cauchemar.

Ouraniens, les deux héros sentent leur âme se dilater par le champ lexical *ciel - air - jour - soleil - flamme* qui synthétise les qualités intrinsèques du régime diurne : tout ce qui est monstrueux, pathologique, se dissipe dans le brasier bienfaisant d'Hélios, ne laissant subsister que l'essence du Vrai et du Beau, la terre habitable revendiquée avec orgueil par la Daaé : « *Nous sommes chez nous, chez moi.* » (224). Habiter la lumière permet de rejeter pêle-mêle dans l'autre monde souvenir et culpabilité, compassion et ambiguïté. La condamnation d'Erik est dès lors

sans appel : « *Je ne l'ai jamais vu à la lumière du jour...* ».
Autant dire qu'Erik n'est pas visible du tout, exclu du baptême
lumineux et de son tatouage de reconnaissance normative.

Pourtant, la lumière qui brûle dans les dessous de l'Opéra ne
permet pas davantage à Christine Daaé de découvrir facilement
la finalité de son aventure... Le premier contact est d'ailleurs
plutôt brutal : « *Je me tus, assommée par la lumière. Oui, une
lumière éclatante, au milieu de laquelle on m'avait déposée.* » (239).

La violence même de cette illumination en souligne la facticité,
et rend plus pesant encore le poids d'obscurité qui cerne et
écrase la jeune diva. Mais c'est Raoul et son compagnon
d'infortune, le Persan, qui subiront le baptême du feu, dans la
chambre des supplices transformée en étuve, dans « *le silence
embrasé de midi... au cœur d'une forêt d'Afrique !* » (431). Ce
parfait paradigme du cauchemar lumineux fonctionne machina-
lement. Dès qu'un prisonnier y tombe, la lumière s'allume, la
chaleur augmente, toutes deux amplifiées et démultipliées par
les miroirs qui tapissent cette pièce. Mourant de chaleur, de soif,
poussés à la démence, presque au suicide[20], les suppliciés réalisent
un des phantasmes d'emboîtement des espaces fictionnels propres
à Erik sans doute, et à Leroux sûrement : « *J'en ai assez, vois-tu,
d'avoir une forêt dans ma maison, et une chambre des supplices !* »
(427).

La bulle d'Afrique, enclavée dans l'immensité salpêtrée des
cinquièmes sous-sols, suffit à connoter chaleur et lumière d'un
coefficient de malfaisance tel[21], que l'obscurité recouvrée est
accueillie comme une bénédiction par les prisonniers ; néanmoins,
le retournement des valeurs se produit encore, renvoyant la
ténèbre... aux ténèbres, et aspirant à la lumière, même tueuse,
par crainte d'un autre péril, l'explosion : « *Ah ! Sortir du noir,
sortir du noir... Retrouver la clarté mortelle de la Chambre des
Miroirs !...* » (455).

L'effet de miroir régit donc tout aussi bien la narration que
l'anecdote elle-même : palais de l'artifice, l'Opéra offre aussi
matière à toutes les initiations, ludiques ou sérieuses, ratées ou
accomplies ; les jeux de lumière qui mènent presque Raoul au

suicide le débarrassent ainsi de ses impuretés, de ses vanités, de ses derniers miasmes d'égocentrisme. Il ne sera plus jamais « *l'enfant joli* » (40) que nous avons rencontré à l'*incipit*. Brisé, brûlé[23], assoiffé et délirant, il mérite enfin l'amour de Christine, autre brûlure, autre soif... C'est par un miroir pivotant qu'il pénètre dans le monde d'Erik, et qu'il abandonne derrière lui statut social, famille, prestige : la passion s'écrit là aussi sous le signe du glissement, de la transition entre les valeurs lumineuses et les valeurs de l'ombre : « [...] *les jetant brusquement de la pleine lumière à la plus profonde obscurité.* » (352).

L'écriture elle-même glisse sans cesse de la description littérale à l'utilisation métaphorique, jouant sur les registres sémantiques du terme *obscurité*, qualifiant tour à tour le séjour enténébré d'Erik et les méandres même du récit : « *Ces propos n'eussent fait qu'augmenter l'obscurité de cette aventure* » (355), « *en sortant de cette obscurité épaisse qui régnait dans le couloir secret du haut* » (356).

Le travail de Raoul consistera surtout à renaître du brasier, puis à survivre à la noyade, et ayant apprivoisé à la fois la fournaise et l'engloutissement, il sera prêt à partir pour le vrai « nouveau monde »[24], cet au-delà du texte qui se dilue dans la blancheur des confins, et échappe ainsi aux territoires réglés de la fiction. L'évasion de Christine et de Raoul permet d'accentuer encore la détermination picturale qui les unit et les sépare d'Erik ; tout est noir autour de lui et sur lui : vêtements, masque, lac d'enfer[25], demeure souterraine... alors que le halo diégétique qui désigne la Daaé et son petit vicomte décline la tonalité des blancs et des blonds, bien sûr associée à la lumière, la clarté, elle-même signe du pays natal de Christine ; neige, glace, lac gelé, entretiennent avec le corps de la jeune fille des rapports marqués d'iconicité : pétrie de lumière[26], elle s'évapore plus qu'elle ne disparaît.

Au sein de ces multiples « corps du délit » en même temps que « corps du texte », il en est un, toujours le même, qui se déchiffre simultanément comme indice et comme indicible ; le corps d'Erik semble figurer l'inconnaissable par excellence, parce qu'il exhibe le travail de la mort dans la vie, l'exercice du pourrissement universel qui guette tout corps mais qui ici a toujours-déjà commencé ; il est né « mort » et cette intenable dualité, mal résolue dans le simulacre du « fantôme » s'exprime par une surabondance baroque du lexique de la décomposition et de l'osseux[27] ; on peut bien sûr s'interroger sur la nature pathologique du mal dont souffre Erik : David Lynch n'épargne aucune explication médicale aux spectateurs de *Elephant Man*. Mais le propos de Leroux est si évidemment ailleurs que des spéculations véristes semblent bien vaines. Ce qui est sûr, c'est qu'Erik a acheté ses dons musicaux au prix fort, au prix de tout amour charnel. Peu importe, ensuite, qu'il soit défiguré pour telle ou telle raison ; il est avant tout celui qu'on ne peut regarder en face, sous peine de mourir foudroyé. Comme Euryale, rencontrer le visage d'Erik équivaut à perdre les yeux, la raison, la vie... comme s'il avait la face de tous les fantasmes, de tous les interdits, et que nul ne pouvait impunément affronter en bloc son inconscient ou ses propres fantômes[28]. Ce qui doit être caché (le travail de dégradation des chairs, la corrosion de la mort, le contact nécrophile du cadavre en putréfaction et de la blonde et douce Christine) se trouve au contraire exhibé en Erik, comme si le temps avait manqué de patience et que la mort ait percuté le vivant en plein essor : avec Erik, il n'y a pas d'apprentissage possible, il est toujours trop tard, la seule à laquelle il veut apprendre quelque chose, c'est-à-dire laisser du temps, le fera mourir... Le corps d'Erik a emprunté à l'Opéra, palais des artifices et du trompe-l'œil, son outrance spectaculaire, son goût de la mise en scène funèbre ou sarcastique, et son principe de coprésence des contraires : l'évanescent, le futile, le mondain, le galant dissimulent les grimaces de la mort, de la souffrance, du gouffre ; dans les décors peints à la détrempe, on retrouve, pendu, le cadavre de Joseph Buquet... Quand une chanteuse fait une fausse note, c'est le ciel entier qui s'écroule sur le public, et lorsque Christine implore les anges de l'emmener au « sein des cieux », elle se trouve effectivement escamotée. L'artifice appelle un artifice plus grand encore, comme si le corps d'Erik se nourrissait de ces multiples scènes, de ces alvéoles minuscules et lumineuses où se trament de dérisoires complots d'opérette. Il est le principe ordonnateur et funèbre de ces fêtes où la licence et la gratuité répondent au livret de Faust : « Et Satan conduit le bal... ». Contrepoint macabre au déchaînement dionysiaque du bal masqué, son corps déjà corrompu annonce à tous que le temps du jugement est proche. Mais pourtant, ce qui constitue symboliquement Erik, c'est le serment du père de Christine, qui promit de lui envoyer un « ange ». Et c'est un homme qui vient, appelé par le fantasme de la jeune fille : à demi-décomposé comme le corps paternel dans sa tombe, à demi-séraphique comme la voix d'or qui lui fut promise. Le corps en trop qu'Erik représente, et dont il souffre plus que tous les autres, vient de la demi-résurrection de la figure du père, et le désir de Christine n'est pas assez fort, ou pas assez pur, pour le constituer entièrement. Comme elle est restée à mi-chemin de sa volonté oedipienne, l'homme qui finit par émerger est plutôt l'hôte d'un charnier que d'un boudoir : affronter le visage d'Erik signifie pour Christine affronter les failles de son propre manque d'amour, de ses velléités de femme et de chanteuse.

Le monstre qu'elle a suscité est resté entre la larve et l'homme, entre la chair et le pur esprit, entre l'amour de la fille et l'amour de la femme. Il ne cesse de se défaire, et de se renouveler, tant qu'elle ne le renvoie pas définitivement au royaume des désirs interdits, puisqu'il n'a pas plus de visage qu'il n'a de nom (« Erik » est une simple commodité), et qu'elle renonce ainsi à ce qui lui avait tant coûté : le chant. Les mutilations du corps d'Erik accompagnent la plénitude de sa voix d'artiste comme les vestiges d'une impossible transaction.

Peut-être faudrait-il en trouver les prémisses dans les errances géographiques, révolues lorsque le roman commence, qui ont marqué sa jeunesse. Notons à ce propos qu'en 1991, une Américaine du nom de Susan Kay a écrit, sur l'adolescence « supposée » d'Erik, un splendide essai intitulé *Phantom*, non traduit à ce jour (New York, Del Corte Press).

Revenons donc un instant à ces surprenants « voyages au bout de la nuit » : natif de Rouen, Erik se réfugie dans l'Opéra après de nombreuses pérégrinations « orientales »[29], qui lui ont appris à considérer le meurtre comme « un des beaux-arts » et à transformer chaque espace en fantasmagorie mortelle. L'immense déploiement des contrées antérieurement traversées projette autour de ce corps pitoyable une fresque chatoyante mais très floue, puisque dans les presque cinq cents pages du roman le rappel de ces Grands Voyages n'en occupe guère que trois ou quatre. L'Opéra est bien ce lieu terminal, le lieu d'installation du dispositif romanesque, même si l'évocation de l'Orient aux sultanes cruelles figure la poésie barbare des arrière-mondes ; le Persan, lui-même installé à Paris, rappelle incessamment à Erik les fastes criminels du Pendjab.

Plus modestement, Christine Daaé vient de Suède (et y retournera, nous le verrons). À l'exotisme bariolé et épicé d'Erik, elle oppose, par sa trajectoire passée, l'exotisme vide et pur d'un pays froid, sans démons ni merveilles.

les trajets herméneutiques

Parce que l'Opéra, en tant qu'organisation romanesque quasi physiologique, permet des micro-trajets signifiants entre divers états d'artifices, les protagonistes s'en échappent peu : la « gare du Nord du Monde » où les héros disparaissent à la fin est une porte ouverte sur les limbes, où s'évaporent les survivants du rêve magnifique et terrible d'Erik. Mais le voyage en Bretagne offre une diversion à la claustrophobie générale du récit. Or, ce voyage est aussi une cérémonie funèbre et nocturne, et le décor du cimetière ne le cède en rien, pour la démesure baroque, aux machineries sophistiquées du fantôme. La tombe du père, but du voyage et objectivation des rapports délirants de Christine et de son « ange », n'est pas structurellement différente du cercueil dans lequel Erik dort, et qu'il veut faire agrandir pour y coucher Christine près de lui. Partout où va Christine, Erik truque les espaces et les décors, caché mais tout-puissant, en remagnétisant les lieux et en les chargeant de légendes : il joue du violon derrière l'ossuaire, tout comme il chante coutumièrement derrière la glace de la loge... Loin d'échapper aux sortilèges de l'Opéra, Christine emmène l'Opéra partout avec elle, jusque dans le miracle des roses : « *La note éclatante des fleurs qui soupiraient sur le granit tombal et débordaient jusque dans la terre blanche. Elles embaumaient tout ce coin glacé de l'hiver breton. C'était de miraculeuses roses rouges qui paraissent écloses du matin, dans la neige.* » (112).

Par ce voyage au pays breton, où l'enfance insouciante épouse la mort, Christine ne fait que s'enfoncer un peu plus dans l'hallucination pathologique où la maintient Erik. Le lecteur se croit dans la différence, l'Autre du spectaculaire : l'auteur se charge aussitôt de le ramener à l'idée de l'identique, où Bretagne et Opéra n'existent que par le discours qu'on tient sur eux, constructions oniriques et langagières où la légende conforte la légende : « *Tous deux assis sur quelque accessoire vermoulu écoutaient les légendes de l'Opéra comme autrefois ils avaient, dans leur enfance, écouté les vieux contes bretons.* » (214).

Le roman tout entier conjure le voyage « réaliste » (Raoul n'ira jamais au pôle, même s'il a fait « *tranquillement* » (40) le tour du monde) pour le voyage « fantastique », où la nature le cède entièrement au simulacre et à l'artifice, puisque les arbres sont en métal : « *Il mit au premier tableau un arbre de fer. Pourquoi, cet arbre, qui imitait parfaitement la vie, avec ses feuilles peintes, était-il en fer ?* » (434), tandis qu'un continent entier se dissimule dans un sous-sol : « *Étant descendus au fond d'une cave, nous rencontrâmes une forêt équatoriale embrasée par le soleil de midi* » (435) et qu'une promenade amoureuse emmène les fiancés

59

dans un Éden d'acier et de carton-pâte, en perpétuel inachèvement, en perpétuelle mutation : « *Elle le promena ainsi dans tout son empire qui était factice, mais immense, s'étendant sur dix-sept étages du rez-de-chaussée jusqu'au faîte.* » (213).

Très baudelairienne, et très « moderne » au sens où l'entend Jacques Dubois dans son récent ouvrage[30], Christine Daaé défend le voyage artificiel, l'errance intérieure, comme plus essentielle, plus intime : « *Voyez, Raoul, ces murailles, ces bois, ces berceaux, ces images de toile peinte, tout cela a vu les plus sublimes amours, car ici elles ont été inventées par les poètes, qui dépassent de cent coudées la taille des hommes.* » (212).

Les trajets sont soumis à divers interdits spatiaux, qui se ramènent à l'opposition constante, et presque freudienne dans sa spécification, du haut et du bas : l'aérienne Christine règne dans le domaine du visible, du rez-de-chaussée au dix-septième étage. Mais le clivage est net, brutal et sacré : les trajets inversés, la connaissance du gouffre appartiennent à la jurisprudence d'Erik[31], où les fantaisies macabres reflètent, en les diabolisant, les enfantines féeries du dessus. Les deux mondes communiquent parfois, par la béance louche d'une trappe, ouverte sur le néant, et qui fascine Raoul comme l'œil noir du destin : « *Une fois que, sur la scène, il passait devant une trappe entr'ouverte, Raoul se pencha sur le gouffre obscur.* » (215).

L'initiation serait incomplète sans le passage par l'Hadès, tentateur et meurtrier. Les trajets enchantés permettent aussi à chacun de retrouver la trace, épurée et ironique, de son propre itinéraire : à Christine, la petite fée du Nord, revient l'imagerie d'un conte des frères Grimm : « *Il y avait des savetiers et des orfèvres. Tous avaient appris à l'aimer, car elle s'intéressait aux peines et aux petites manies de chacun.* » (213-4).

Au marin Raoul de Chagny est dévolue la projection fabuleuse d'une flotte aérienne, qui devient aussi forêt, par le caprice des métamorphoses : « *Les ponts fragiles du cintre, parmi les milliers de cordages qui se rattachaient aux poulies, aux treuils, aux tambours, au milieu d'une véritable forêt aérienne de vergues et de mâts.* » (212).

Accomplir un trajet qui vous ressemble, voyager au sein de soi, y compris dans les images mortes ou dépassées, fait partie du projet plus vaste de la quête qui par-delà les épreuves et les masques, vous confronte toujours à votre visage caché, à votre vérité, même partielle ou évanescente. De ce tropisme de l'abîme tentateur, de la chute prometteuse, Jean-Noël Blanc donne une saisissante illustration : « *Le polar est ainsi convaincu que la vérité se trouve* dessous. *C'est une vérité souterraine, qu'il faut dénicher. Et c'est au fond de la plus grande obscurité que la vérité alors* se fait jour. *Dans la ville, la vérité se trouve* au fond, *dans l'ombre, et c'est là qu'elle devient lumineuse.* »[32].

Ces trajets, incurvés au gré des fantasmes et des obstacles, s'inscrivent dans un imaginaire plus général du voyage, célébrés à la fois par les poètes (Baudelaire, Mallarmé) et les romanciers (Pierre Loti ou José Moselli). Il est vrai que les Colonies jouent souvent le rôle d'Éden compensatoire, surtout lorsqu'on en reste au stéréotype de la nature luxuriante et des bons sauvages qui y vivent. Mais, là encore, les modernes Argonautes leroussiens se distinguent, cantonnant la plupart de leur trajet au sol national, malgré la tentation des lointains.

Plus que tout autre, Leroux lui-même fut un infatigable et rusé globe-trotter. Mais si notre roman abonde en invitations au voyage, le périple en est symbolique plus que géographique, et les distances n'ont de sens que comme transposition du cheminement spirituel auquel chacun, reclus dans sa chambre ou vagabond sur les routes, est amené à se soumettre.

L'enchevêtrement des signes du trajet, le désordre, l'irrégularité soudaine font montre d'un désir de décloisonnement des corps et du monde, propre aux fantasmes du criminel. Comme les fabuleux récits du Pendjab, le monde du crime est attaché à la puissance évocatoire de l'assassin, ce poète barbare qui a choisi d'interpeller l'autre jusque dans sa chair ; la mort d'Erik expédie littéralement Christine et son sigisbée dans le « grand nulle part », pour plagier James Ellroy. Et nous pouvons songer à la fin du *Voyageur sans bagage*, où Jacques Renaud, amnésique mais philosophe, en vient à penser que l'assassin est la véritable victime du crime, puisqu'il lui survit et que désormais il le hante : « *Et la victime a souvent beaucoup moins d'imagination que l'assassin. Parfois, elle n'est même qu'une ombre dans un songe de l'assassin. [...] mais l'assassin, lui, en revanche, a le privilège des deux souffrances.* »[33].

2. « UNE ACHÉRONTIQUE DU PASSÉ » (ERNST BLOCH).

Trois trajets arrivent à récipiscence au terme de notre récit : l'errance des personnages, la lecture... du lecteur, et l'archéologie simulée de l'auteur ; élucidation plénière ou avortée, la dernière confrontation des protagonistes évoque en tout cas bien plus la « paix des braves » que le combat.

Nous sommes dans la chambre souterraine, et les ennemis semblent à peu près réconciliés ; mais il s'agit moins d'une élucidation que d'une veillée mortuaire, parodique dans la mesure où les deux « cadavres » reviennent peu à peu à la vie, sous le regard des deux déités infernales : « *Un ange et un démon veillaient sur eux...* » (470).

Peu à peu, émergent les tonalités les plus caractéristiques des deux héros, la blancheur opalescente de Christine et le masque sombre d'Erik : « *La silhouette blanche de Christine Daaé.* » (472), « *Le Persan se souvient encore de l'ombre noire d'Erik et de la silhouette blanche de Christine* ».

Celle qui n'était que chant, trilles, vocalises, envolées, est curieusement réduite au silence, dans un moment où seul un flot de paroles dissiperait les incertitudes : « *Christine Daaé ne disait pas un mot ; elle se déplaçait sans bruit, comme une Sœur de charité qui aurait fait vœu de silence...* » (471-2). « *Elle retourna s'asseoir dans son fauteuil, au coin de la cheminée, silencieuse [...].* » (472).

Erik s'expliquera avec le Persan, de son propre chef, mais sans jamais dire où se trouvent Christine et Raoul[34] ; le monde reste à demi-explicable, à demi-réticent. Le plus frappant demeure, de la part d'Erik et du supra-narrateur lui-même, l'absence de revendication de ses «crimes» : le lustre... serait tombé par hasard[35], le comte Philippe... se serait noyé par accident[36]. L'humour est ici patent : le criminel refuse d'endosser ses actes, puisque aucun justicier transcendant ne l'en conjure. Les notions d'innocence et de culpabilité se brouillent, laissant béants les questionnements qu'un roman de détection plus classique aurait pulvérisés. Il n'y a plus de vérité extérieure, légale. Il n'y a plus que des semi-vérités, inscrites dans la psyché de l'assassin, et qui demeurent finalement inconnaissables. La formule «*c'était tout*» (483)[37] qui clôt la dernière rencontre entre Erik et le Persan résume les caractéristiques d'une fin ouverte, déceptive et «pensive» (au sens où Roland Barthes, dans *S/Z*, parle d'un texte «pensif»).

Ernst Bloch a su, par une métaphore précisément «territoriale» autant que biblique, illustrer l'élan irrépressible qui pousse nos héros à abandonner la terre où la mort fut infligée, dans un tropisme toujours agissant de fuite purificatrice, de réparation des souillures, dès que le protocole des lectures «véraces» a donné l'autorisation aux voyageurs de quitter, en pleine lumière, «*une sombre Égypte primordiale qui agit toujours sur ce monde d'exil, qui appelle l'exode afin d'échapper au commencement*»[38].

Les signes épars, dispersés et dispensés dans et par le texte, se sont peu à peu unis, aimantés, pour permettre au lecteur de recomposer le motif inaugural, la scène originelle où l'ordre s'est déréglé ; ces instants d'exception soigneusement occultés par la suite, affleurent tout au long du récit, sans jamais être identifiés pour ce qu'ils sont.

C'est alors que l'empire des signes nous amène à pénétrer dans l'empire des morts, cette nécropole de papier où s'affrontent deux ordres du monde, ou, si l'on préfère, deux récits possibles du monde : l'outrage et la réparation, la plaie et le baume. Le corps blessé forme l'aveuglant moyeu autour duquel tournent, satellisés mais tenus à distance, les acteurs du drame. À la blancheur de la chair féminine, à peine enveloppée d'un peignoir, d'une fourrure, ou de sa chevelure flottante, répond par contraste le monde noir de l'homme, monde des costumes sombres, des masques, des lunettes opaques, des desseins tortueux... L'image de la « *barrière de chair blanche* » (183) qui caractérise Christine Daaé, postée en suppliante entre Raoul et Erik, éclaire l'archétype du corps féminin comme « force fragile ». En effet, la barrière n'interdit rien, car la suavité opalescente de la « chair blanche » suggère, par l'appui de l'allitération, douceur fondante et tendresse maternelle. Cette barrière soyeuse, qui n'est là que pour subir la transgression, verrouille cependant l'accès au monde des limbes, et rappelle les hommes au réel, à la raison enclose dans la chaleur de sa peau. Ce rayonnement du corps de femme éveille les deux hommes au besoin de vérité et d'amour, seuls capables de refermer les plaies comme jadis sut le faire le Graal, rendu à Amfortas. Le monde peut se circonscrire aux limites mêmes d'un parfum, d'un prénom, d'un miroir : tout ce qui redit et raconte l'héroïne absente densifie encore le rapport entre l'herméneute et l'objet de sa quête, jusqu'à ce que, écrit G. K. Chesterton, la « *vérité jaillisse en un instant, comme dans un jardin au crépuscule.* »[39].

3. LE SCRIBE À L'OBSCUR LABEUR.

La nuit et ses sortillèges ne sont peut-être que des métaphorisations du travail de l'écrivain, occupé à sans cesse obscurcir le « phanérotexte » par le « cryptotexte » pour reprendre les termes de Jean-Claude Vareille.

En effet, l'avant-propos joue sur les masques successifs de l'auteur qui dissimule ainsi au cœur de la fiction, c'est-à-dire ici au centre du dispositif spatial suscité par l'amateur des trappes ; dans les indications toponymiques de cette « cité fantôme » que représente le Paris souterrain qui se déploie sous l'Opéra, un nom revient avec une particulière insistance, sans doute due à son aura sémique : il s'agit de la rue Scribe : « [...] *le comte Philippe, dont le corps fut trouvé sur la berge du lac qui s'étend dans les dessous de l'Opéra, du côté de la rue Scribe.* » (10).

À cela rien d'étonnant : la rue Scribe appartient bien au monde référentiel réel. Mais cette rue souterraine, redoublée donc, qui longe un lac et près de laquelle on trouve un cadavre, offre à l'imagination spatiale une résonance plus profonde que la simple reconnaissance du plan de Paris. Est-ce parce qu'on peut y lire la présence du scribe, chroniqueur archaïque, maître des récits et figure redoutable de tout-écriture ? Ce travailleur des profondeurs produit la fiction même qui l'englobe, il est à la fois l'englobant et l'englobé ; le comte Philippe, sacrifié dès la deuxième page du roman, apparaît donc comme la victime d'un Moloch invisible, le scribe dont il ne faut pas déranger le travail de textualisation, sous peine d'être expulsé de la fiction, renvoyé vers le non-être des déjà-morts quand l'histoire commence.

La figure de l'écrivain surplombe bien notre récit, dissimulée par le nom du scribe, de qui tout s'origine et vers qui tout revient, comme en témoigne la fin du roman, lorsque Erik demande à Christine de revenir l'enterrer « *en passant par le lac de la rue Scribe* » (182). L'écriture se noue une dernière fois sur elle-même, avant le silence du hors-texte...

Ce roman se présente donc d'abord et avant tout comme un voyage en littérature : l'avant-propos est saturé du champ lexical de l'écrit et du lu, et le narrateur[40] se signale par sa fiévreuse activité de déchiffreur de textes ; il est le Grand Lecteur, avant même d'être scripteur : « *Je commençais de compulser les* ARCHIVES [...]. » (9), « *Je venais de quitter la* BIBLIOTHÈQUE [...]. » (11), « *J'ai exposé tous mes* DOCUMENTS [...]. » (13), « *Mon* DOSSIER *en mains* [...]. » (14), « [...] *me prêter les* OUVRAGES *de Charles Garnier* [...]. » (16), « *Puiser dans son admirable* BIBLIOTHÈQUE *théâtrale* [...]. ». Il faut signaler les lettres de Christine Daaé et les papiers du Persan ; ils sont relayés, dans la sphère publique, par les « Mémoires d'un directeur » (M. Moncharmin) plusieurs fois cités (11, 488, 489), et par divers comptes rendus de police et de justice, en particulier l'interrogatoire de Raoul par M. Mifroid (119-24), et le rapport d'un inspecteur sur les fantaisies de la loge numéro cinq (75, 76). Le travail de compilation qui s'exhibe complaisamment tout au long du texte trouve son achèvement dans le geste final du narrateur[41] : « *Tout cela, qui constitue les pièces documentaires de l'existence du Fantôme, pièces que je vais déposer aux archives* de l'Opéra. » (491).

On n'y peut déceler qu'une scénographie bouffonne du roman qui se refuse à la fiction et s'accrédite avec frénésie. Mais il y a davantage, dans ce besoin de rassembler les fragments morcelés d'un événement, et des résidus textuels qu'il suscita : la prise en compte du travail du temps, et l'affirmation convaincue, sous ses allures clownesques, que le corps qui ne s'écrit pas déchoit et meurt sans pardon. Alors que la trace, le vestige scriptuel laisse perdurer l'être, fut-il falot comme celui de M. Moncharmin, ou radieux comme la jeune Christine en son printemps.

CONCLUSION

*La mort a quitté son vieux ciel tragique ;
la voilà devenue le noyau lyrique de
l'homme : son invisible vérité, son visible
secret.*   Michel FOUCAULT

1. TEMPS MORT.

La parole leroussienne profère la déconcertante splendeur
charnelle à sa façon : pudique, pathétique, gouailleuse et
extravagante. Il y va de sa crédibilité et de sa réception, auprès
d'un public séduit mais susceptible, qui se délecte tout autant
de l'observation stricte des règles du genre que de leur
transgression racoleuse et amusée, qui constituent l'ambivalence
même de cette écriture.

Dans l'étroite liberté qui fut sienne, Leroux tourna obsession-
nellement autour de la question de l'homme, de son identité, de
ses pulsions, de son image : il n'est pas surprenant que notre
héros ait à peine un prénom, « Erik », dont la graphie exotique
n'a littéralement pas de « sens » ; il habille donc particulièrement
bien le corps spectral de l'ange de la musique. Ces états-civils
de carton-pâte[42] servent à cautionner ce que Philippe Hamon
désigne comme « *un condensé de programme narratif* »[43], dans
la mesure où le destin de ces *male astrosi* y est inscrit de façon
patente ou plus cryptée.

Le corps féminin, convoité, est radicalement frappé d'interdit
ou criblé de références qui en occultent la vision. De cette
érotique empêchée, nous avons été amenée à souligner les

mécanismes de rencontres, d'effusions et d'échecs ; une longue cohorte de fantômes tourne autour du corps de la tentatrice, corps-palimpseste où se rejoignent les amours déjà mortes en littérature. L'étreinte amoureuse tant métaphorisée, tant fantasmée, ne trouve pas sa place dans la chorégraphie torturée du couple leroussien : dans le temps du récit, tous restent chastes, figés dans le miroir, dont bien peu osent franchir la lumière compliquée.

Les prodiges transformistes du corps masculin restent les séquences brillantes d'une inutile parade de séduction, car Christine se donnera justement à l'homme qui lui ressemble, à elle, (Raoul). Inlassablement, le corps masculin écrit, pour amadouer le sphinx, les « fragments d'un discours amoureux », fragments de chair ou de mots, en tout cas danse de mort. Le corps de Christine suscite son double et son contraire, et les poursuites, les combats et les trêves de ces deux chairs contradictoires écrivent l'histoire de l'Opéra qui se forme et s'édifie en même temps que grandit l'amour d'Erik, et que se complexifient ses réseaux de déplacement. Le décor se dilate ou se replie au rythme de la gestuelle amoureuse ou meurtrière qui s'y est installée. Si les murs chantent (189), si les murs mordent, c'est que l'espace, galvanisé par l'énergie des personnages, revendique, au moins par illusion ou par métonymie, une autonomie qui tirerait notre roman vers le conte fantastique s'il ne s'agissait pas d'une simple rhétorique ; mais cette rhétorique dépasse, en puissance imageante, l'artifice d'une figure de style, et rend compte de la contamination du corps et de son territoire, comme une nouvelle modalité d'énonciation romanesque. Il n'y a pas là, d'ailleurs, totale originalité de l'auteur : chez Verne déjà, le capitaine Nemo fait corps avec son "*Nautilus*", souvent perçu comme un animal monstrueux par ceux qu'il naufrage, et qui ne distinguent pas la machinerie de l'esprit qui l'habite. Mais les corps leroussiens connaissent surtout la douleur d'être reclus dans l'étroitesse d'un lieu qui toujours préfigure la tombe, quand ils aspirent à l'envol, à la dilatation heureuse, à la porosité réciproque.

Restriction de champ vaut restriction d'affect. Blessé et retenu dans son élan irrépressible vers le ciel libre, Erik retourne contre lui la force de sa frustration et aménage en territoire de mort la pitoyable maison du lac où le bonheur pourtant lui a fait fugitivement signe.

Le corps du mort, *incipit* et aboutissement de la quête, envahit la fiction de sa solennité et annonce la fin du récit. C'est en enterrant Erik que la Daaé lui glisse au doigt son anneau d'or...

2. LE CORPS FICTIF COMME DOUBLE DU MONDE.

Il reste, née de cette certitude charnelle du deuil inévitable, de cet assombrissement progressif des décors et des perspectives, l'ambiguïté du corps romanesque : n'est-il qu'un double du moi, et dans ce cas le roman se livrerait sans fin à l'autocélébration de ses propres procédures, ou est-il le reflet de l'Autre, par cette écriture du pressentiment qui « donne à penser », et qui reconfigure un nouveau visage où notre humanité, avant même de s'être reconnue, puise la force de ses récits futurs ?

En guise de conclusion, nous aimerions insister encore une fois sur ce qu'il est convenu d'appeler, avec Baudelaire, une « esthétique de la modernité » : les corps du *Fantôme de l'Opéra*, générateurs des récits de quête, de possession et de renoncement, sont nés de plusieurs conflagrations littéraires : les héroïnes éthérées d'Edgar Poe, les gamins d'Alexandre Dumas ou de Victor Hugo, les automates du romantisme allemand et les surhommes verniens ont suffisamment nourri l'imagerie physique de Leroux, pour que sa propre galerie de portraits ressemble à un hommage continu mais ludique à ces précurseurs. Soulignons d'ailleurs ici la très grande influence que notre roman, à son tour, exerce outre-Atlantique, et dans le monde anglo-saxon en général : en 1995, Nicholas Meyer a publié, aux éditions de l'Archipel, un roman intitulé *Sherlock Holmes et le fantôme de l'Opéra*, où les deux mythes littéraires s'affrontent dans une luxueuse — et parodique — reconstitution historique... Cependant, l'originalité de notre écrivain s'affirme dans la démesure grinçante d'Erik. Hanté par la souffrance, la dégradation, l'invasion de la

Nuit, Leroux fit du corps aimant et souffrant l'objet problématique de son récit : le désir contamine les cœurs et les espaces. Ébloui, consumé, le corps fictif se tient toujours entre le feu et la cendre, entre l'absence et l'excès, comme prêt à s'effacer, à se dissoudre. N'est-ce pas d'ailleurs le sort des fantômes et des vampires, chassés de leur territoire par le premier rayon de soleil, c'est-à-dire de réalité ?

La poétique leroussienne du corps rend possible le monde de la fiction, elle le marque et le délimite, le couvre d'indices mais en brouille les chemins. Les dédales de l'Opéra appartiennent désormais à notre immédiateté culturelle parce qu'ils sont saturés de signes de la souffrance et de la dépossession, et que nous déchiffrons, dans les errances d'Erik, les incertitudes d'une écriture en train de naître et les tremblements de notre propre histoire : « *Et enfin, l'effigie, par le scandale et la promesse de son incarnation, prouve à sa manière — provocante — que l'œuvre existe.* »[44].

L'œuvre existe.

1. Jean-Paul COLIN, *Le Roman policier français archaïque* (Berne, Peter Lang, 1984), p. 279.

2. Michel FOUCAULT, *Naissance de la clinique* (Paris, P.U.F., 1994), p. 149.

3. SAINT-JOHN PERSE, *Amers II* (Paris, Gallimard, « Poésie », 1970), p. 48.

4. Gaston LEROUX, *Rouletabille chez le Tsar* (Paris, L.G.F., « Livre de poche » 858, 1988), p. 20.

5. Mona OZOUF, « Les Feuilletons de cape et d'été », *Le Nouvel Observateur,* 17–23 juil. 1987, p. 61.

6. Denis FERNANDEZ RECATALA, *Le Polar* (Paris, M. A. Éditions, 1986), p. 113.

7.
> Allongeant son ombre immense
> Sur le monde et sur Paris,
> Quel est ce spectre aux yeux gris
> Qui surgit dans le silence ?
> Fantômas, serait-ce toi
> Qui te dresses sur les toits ?

(Robert DESNOS, *Fortunes* [Paris, Gallimard, 1953], « *La Complainte de Fantômas* »).

8. Irène BESSIÈRE, *Le Récit fantastique* (Paris, Larousse, 1974), p. 211.

9. Jean RACINE, *Phèdre*, Acte II, scène V, vers 637.

10. Gaston BACHELARD, *La Psychanalyse du feu* (Paris, Gallimard, 1949), p. 48.

11. G. BACHELARD, *L'Eau et les rêves* (Paris, José Corti, 1978), pp. 135-6.

12. Gilbert DURAND, *Les Structures anthropologiques de l'imaginaire* (Paris, Bordas, 1969), p. 322.

13. « *Vêtu tout d'écarlate - au chapeau à plumes et au vêtement écarlate - immense manteau de velours rouge - une manche de pourpre* » (181).

14. Catherine CLÉMENT, *L'Opéra ou la défaite des femmes* (Paris, Grasset, 1979), p. 12.

15. G. LEROUX, *Le Crime de Rouletabille* (Paris, L.G.F., « Livre de poche » 4821, 1976), p. 219.

16. Voir Jean-Jacques ROUSSEAU, *La Nouvelle Héloïse*.

17. « *Si l'on tourne la sauterelle, nous sautons tous, mademoiselle...* » (462) ; « *— Moi, je tourne la sauterelle... et la sauterelle,* ça saute joliment bien *!...* » (462) ; « *Adieu, mademoiselle !... saute, sauterelle !...* » (463).

18. Alain ROBBE-GRILLET, «Entretien avec Uri Eisenzweig», *Littérature* [Larousse], n° 49, févr. 1983, p. 21.

19. CLÉMENT, *op. cit.*[14], p. 53.

20. «*Littéralement, nous commencions à mourir de chaleur, de faim et de soif... de soif surtout...*» (445).

21. «*L'étreinte rayonnante de ces abominables miroirs*» (448).

22. «*Aussitôt, de ce trou noir, de l'air frais nous arriva. Nous nous penchâmes sur ce carré d'ombre comme sur une source limpide. Le menton dans l'ombre fraîche, nous la buvions.*» (448); «*J'allongeai le bras dans les ténèbres* [...].»; «*Un noir escalier* [...].»; «*Ah! L'adorable fraîcheur de l'escalier et des ténèbres!*».

23. «*Le jeune homme, dont les mains brûlaient de fièvre* [...].» (343).

24. «*À la gare du Nord du Monde...* [...] *ô Norvège! ô silencieuse Scandinavie!*» (486).

25. «*Et le rayon de lune qui, après avoir passé par le soupirail de la rue Scribe, venait l'éclairer, ne me montra absolument rien sur sa surface lisse et noire comme de l'encre.*» (385).

26. «*Les yeux bleus et la chevelure dorée de Christine* [...].» (101); «*Ses yeux, clairs miroirs d'azur pâle, de la couleur des lacs qui rêvent, immobiles, tout là-haut vers le nord du monde,* [...].» (106); «*La petite fée du Nord!* [...] *les yeux clairs de l'enfance* [...].» (172).

27.

Une main se posait sur la mienne... ou plutôt, quelque chose d'osseux et de glacé [...].   (235)

Une main que je sentis sur mes lèvres, sur ma chair... et qui sentait la mort !   (235)

Ses mains, si légères fussent-elles, n'en sentaient pas moins la mort.   (236)

Ce que j'avais touché là était à la fois moite et osseux, et je me rappelai que ses mains sentaient la mort.   (249)

[...] mes cheveux, dans lesquels ses doigts de mort étaient entrés.   (255)

Avec mes ongles, il se laboura les chairs, ses horribles chairs mortes !   (255)

Apprends que je suis fait entièrement avec de la mort !... de la tête aux pieds !... et que c'est un cadavre qui t'aime, qui t'adore et qui ne te quittera plus jamais ! jamais !...   (256)

[...] si Dieu l'avait vêtu de beauté au lieu de l'habiller de pourriture !   (257)

Notons que cette décomposition permanente ne s'aggrave jamais. Elle perdure seulement comme motif rédhibitoire d'appartenance au monde du grouillement, de l'innommable.

28. Cette thématique évoque la nouvelle d'Henri James, «Le Tour d'écrou», où l'enfant contraint de regarder en face le fantôme qui le hante, meurt en le nommant — et meurt de le nommer : «Peter Quint, démon !».

29. «*Il avait dû traverser l'Europe de foire en foire* [...].» (494); «*On le retrouve à la foire de Nijni-Novgorod.*» (494); «*Puis, le daroga fut chargé de se mettre à la recherche d'Erik. Il le ramena en Perse.*» (495); «*Quant à Erik,*

il avait passé en Asie Mineure, puis était allé à Constantinople où il était entré au service du sultan. » (496).

30. Jacques Dubois, *Le Roman policier ou la modernité* (Paris, Nathan, 1992).

31. « *Jamais !... je vous défends d'aller là !... et puis, ce n'est pas à moi !... tout ce qui est sous la terre lui appartient.* » (215).

32. Jean-Noël Blanc, *Polarville, Images de la ville dans le roman policier* (Lyon, Presses Universitaires de Lyon, 1991), pp. 91-2.

33. Jean Anouilh, *Le Voyageur sans bagage* (Paris, Gallimard, «Folio», 1974), Tableau V, p. 98.

34. « *Quant à être morte, je ne le pense pas, bien que cela ne me regarde plus...* » (477).

35. « — *Ah, ricana-t-il, ça, le lustre... je veux bien te le dire... le lustre, ça n'est pas moi !... il était très usé, le lustre...* » (388-9).

36. « *C'est un accident... un triste... un... lamentablement triste... accident... il était tombé bien maladroitement et simplement et naturellement dans le lac !...* » (476).

37. Notons le discret rappel du *Et ce fut tout* qui salue, à la fin de *L'Éducation sentimentale* de Gustave Flaubert, le départ meurtri de Marie Arnoux.

38. Ernst Bloch, «Aspect philosophique du roman policier», pp. 251–84 in *Autopsies du roman policier*, Uri Eisenzweig ed. (Paris, U.G.É., «10/18», 1983), p. 276.

39. Gilbert Keith Chesterton, «Sur le roman policier», pp. 37–68 in *Autopsies du roman policier (op. cit.)*, p. 55.

40. La note infrapaginale de la page 16 est signée G. L.. Il s'agit donc bien de l'auteur lui-même, mais des initiales ne sont pas — pas tout à fait — un nom. La confusion absolue entre l'auteur et le narrateur serait donc abusive ; on peut cependant songer à un dédoublement du fonctionnement scriptural d'un autre auteur : le journaliste vient nourrir la mise en scène de l'écriture romanesque ; à peu de choses près, c'est l'exact retournement du premier Gaston Leroux, où l'écrivain encore en gestation venait souffler au journaliste tant d'ingénieuses péripéties. Parler de schizophrénie serait insupportablement pesant : mais pourquoi ne pas lire, entre G. L. et Gaston Leroux le jeu identitaire qui sépare Marcel de Proust ?

41. Que le narrateur ait déjà tout déchiffré avant lui rassure le lecteur «paralittéraire», s'il faut en croire Daniel Couegnas : « *Le lecteur découvre ainsi, par petites touches, une sorte d'autoportrait du narrateur en... historien et l'illusion référentielle, tout compte fait, ne va guère pâtir de l'abus de ce topos.* » (*Introduction à la paralittérature* [Paris, Seuil, 1992], p. 120).

42. Dans sa thèse intitulée *Tradition et modernité dans le cycle de Rouletabille de Gaston Leroux*, Mousshine Yamouri propose par exemple un intéressant rapprochement entre les initiales du fils, J. R. (Joseph Rouletabille) et celles du père, J. R. (Jean Roussel) puisque c'est sous cette identité usurpée que Ballmeyer épouse Mathilde et conçoit Rouletabille. Cette remarque rejoint d'ailleurs l'analyse menée par Christian Robin concernant le quasi-anagramme entre Roule-

(tabille) et Rou(ss)el, c'est-à-dire entre les images acoustiques finalement très proches du père et du fils.

43. Philippe HAMON, *Poétique du récit* (Paris, Seuil, 1977), « Pour un statut sémiologique du personnage », p. 150.

44. Bernhild BOIE, *L'Homme et ses simulacre*s (Paris, José Corti, 1979), p. 319.

BIBLIOGRAPHIE

I. CORPUS.

Le Fantôme de l'Opéra

Le Gaulois, 23 sept. 1909–8 janvier 1910.

> Un vol. in-12 de 520 p. Couverture illustrée en couleurs. Pierre Lafitte et Cie, février 1910.

> Deux vol. in-8° de 80 et 78 p. illustrés par les photos du film Universal (*I. Erik - II. Le mystère des trappes*). Société d'Éditions et de Publications Tallandier, janvier-février 1926.

II. PASTICHES ET ADAPTATIONS.
(classement chronologique)

PETIT, Roland. *Le Fantôme de l'Opéra*. Ballet créé au Théâtre National de l'Opéra de Paris le 22 février 1980. Compositeur Marcel LANDOWSKI.

WEBER, Lloyd *et* Charles HART. *The Phantom of the Opera*. Comédie musicale créée à New York en 1986.

KAY, Suzan. *Phantom*. New York, Del Corte Press, 1991.

HILL, Ken. *Le Fantôme de l'Opéra*. Opéra créé à l'Opéra-Comique de Paris le 20 février 1992.

MEYER, Nicolas. *Sherlock Holmes et le fantôme de l'Opéra*. Paris, Éditions de l'Archipel, 1995.

75

III. QUELQUES TRAVAUX CRITIQUES.
(classement chronologique)

Bizarre, n° 1 : *"Hommage à Gaston Leroux"* [Arcanes/Losfeld], 1953. Textes de Pierre BRASSEUR, Jean FERRY, Adonis KYROU, Frédéric LEFEBVRE, Alfred-Gaston LEROUX, Gaston LEROUX, Jean ROUGEUL.

Cahiers semestriels du cercle Gaston Leroux, Pierre *et* Madeleine LÉPINE-LEROUX *eds*. Huit numéros 1977–1981, hors commerce.

Europe, n°s 626-627 : *"Gaston Leroux"*, juin-juil. 1981. Articles de Jacques BAUDOU, Frédéric BLIN, Jean-Paul COLIN, Daniel COMPÈRE, Gilles COSTAZ, Daniel COUEGNAS, Évelyne DIEBOLT, Maurice DUBOURG, François DUCOS, Hervé DUMONT, Pierre-Pascal FURTH, Jacques GOIMARD, Francis LACASSIN, Jean-Claude LAMY, Jean LECLERCQ, Madeleine LÉPINE-LEROUX, Jules-Gaston LEROUX, Maurice LIMAT, Yves-Olivier MARTIN, Jean-Claude VAREILLE.

Midi-minuit fantastique [Losfeld] : *"Aujourd'hui Gaston Leroux"*, n° 23, automne 1970 et n° 24, hiver 1970-1971. Textes de René-Jean CHAFFARD, Francis LACASSIN, Jean ROLLIN.

ROUDAUT, Jean, « Enfer et mastic ou Gaston Leroux en relief », *Critique*, n° 64, 1961. (Repris pp. 69–88 in *Ce qui nous revient*. Paris, Gallimard, 1980.)

ALEWYN, Richard. *Nachwort in Gaston Leroux : "Das Phantom der Oper"*. München, Dtv, 1980.

COUEGNAS, Daniel. *Introduction à la paralittérature*. Paris, Seuil, 1992.

BACKÈS, Jean-Louis, « L'Ange radieux », *Littérature et création*, 2e série, n° 10, janv. 1993, pp.119–30.

FLYNN, John. *Phantoms of the Opera: The Face Behind the Mask*. East Meadow [NY], Image Publishing, 1993.

ALFU. *Gaston Leroux, parcours d'une œuvre*. Amiens, Encrage, 1996.

WOLF, Leonard. *The Essential Phantom of the Opera*. New York, Plume Book, 1996. Coll. « The Definitive Annotated Edition of Gaston Leroux's Classic Novel ».

FORCHETTI, Maria Pia, « Une Île souterraine : la demeure du fantôme de l'Opéra », pp. 133–43 in *L'Île et le volcan — formes et forces de l'Imaginaire*, Jean BURGOS *et* Gianfranco RUBINO *eds.* Paris, Lettres Modernes, 1996. Coll. « Circé » 25.

TABLE